2020年の大学入試問題

石川一郎

講談社現代新書

2355

はじめに

2020年と言えば、東京オリンピック・パラリンピックの年。世界中の人々が東京に注目し、集う、本格的なグローバル時代が到来するわけです。ただし、この本を手に取っていただいた皆さんにとっては、夏のスポーツの祭典の前に、もっと重大な関心事があることでしょう。

2020年から大学入試が大きく変わります。

これにともなって学習指導要領も変わります。2018年から移行措置が始まり、2020年に小学校、2021年に中学校、2022年に高校が全面実施になります。この移行措置を考慮して、出題範囲などは2015年度の「中学1年生〜小学4年生」「小学3年生以下」の2段階で変わっていきますが、大学入試改革は2020年から始まるのです。

入試制度がどう改革されるのか？　どんな大学入試問題が出題されるのか？　なぜそんな改革が行われるのか？　その新しい問題を解決するためにはどのような授業をする学校がよいのか？　どのようなスキルが必要なのか？　高校2年生になってからで間に合うのか？　中学高校一貫校選びから将来に備えておきたいが改革の内容がよくわからない

……。

少なくとも2002年以降に生まれた子どもたちは、この新しい制度の大学入試で合格を目指すことになります。将来の大学受験生の保護者の方はわからないことだらけで、不安なのではないでしょうか。

しかし、それほど不安に思っても仕方ありません。なにしろ文部科学省も詳細はまだまだ話し合っている段階です。確実なのは、大学入試制度の改革として、現行の大学入試センター試験が廃止され、それに代わっておそらく高校2年生のときに「高等学校基礎学力テスト（仮称）」が行われ、3年時にセンター試験に近い形で「大学入学希望者学力評価テスト（仮称）」が設定されるということです。その後、国公立大学も私立大学も含めて各大学個別の独自入試が行われることになります。

そもそもこの改革は、2013年10月に、教育再生実行会議の第4次提言である「高等学校教育と大学教育との接続・大学入学者選抜の在り方について」によって「1点刻みの得点で評価する方法」から「多面的に評価する方法」に大転換するという方向性が打ち出され、注目されました。

その後、文部科学省や文部科学大臣の諮問機関である中央教育審議会などを中心とするリサーチと議論が進みます。その過程で、大学教育後グローバルリーダーを輩出することを意識する必要に迫られました。大変化の時代になって、たとえば東京大学卒という学歴を活かして大企業や中央官庁に就職しても一生安泰とはならない、生き残れない局面にぶつかっているという認識が明快になりました。

これからの時代に活躍できる学生を高校までに育て、大学で伸ばすには、どのような「大学入試問題」を解く能力を持たせればよいのかが研究されました。そして、今までの「1点刻みで評価するテスト」とはまったく違う「新テスト」が必要であるという結論が導かれたのです。

2020年以降の大学入試問題がどうなるのか？　大学入試制度や中学・高校の教育はどう変わるのか？　該当する将来の受験生は何を学んでおけばよいのか？

本書の最大の目的はこれらを明らかにすることです。

私は、中学・高校の教育現場の教師を30年務め、現在は、「香里ヌヴェール学院」という中高一貫校で学院長をやっています。保護者の皆さん同様、教育の現場も、2020年の大学入試改革についてまだわからないことだらけです。ただ私は、私立の中高一貫校の先生たちとともに、「グローバル時代に世界で活躍できる日本人をどう育てるか」ということを21世紀に入ってすぐから研究してきました。偏差値重視で難関大学に合格すれば一生安泰とは言えなくなってきた時代に、子どもたちに何を学ばせればよいのかを、話し合ってきたのです。2011年からは「21世紀型教育を創る会」(21会)を運営しています。

2020年の入試改革では、「アクティブ・ラーニング(能動的学修)」という、学び方が一つのキーワードとして文科省の答申にも初めて出てきました。NHKでも最近、アクティブ・ラーニングについて、特集番組が放映され、私も出演を依頼されました。おそらくこのアクティブ・ラーニングを、我々の21会ですでに初期の段階から研究してきたからでしょう。2020年の大学入試問題がアクティブ・ラーニングと関連づけられていくことになるようですから、どんな入試問題が主流となるか、ある程度、予測が可能なのです。「2020年からの大学入試問題」において、各大学の個別の独自入試では、たとえば次のようなタイプの質問に答えさせる問題がどんどん出題されるようになるでしょう。

《A　知識は人間だけによって創られていくのであろうか。》

《B　永遠に生きられれば人は幸せだろうか。》

一読しておわかりのように、正解は一つではありません。2つの問題とも「結局、人間とは何か?」という一見古典的なテーマです。この問いの背景には、AI(人工知能)の問題や遺伝子工学の問題など科学の発展と、最先端を追求するがゆえの倫理問題などがあります。教科横断的な問題であり、また多様で柔軟なグローバルな視点、知識が必要になります。いわば「世界問題」なのです。

実は、Aの問いは、2015年度の慶應義塾大学の経済学部の小論文で出題された問題の一部です。Bの問いは、2014年度の早稲田大学の政治経済学部の英語の問題の一部です。こちらは、英文で出題されており、もちろん、英語で解答しなければなりません。

慶應義塾大学は、入試制度改革の先進大学です。早稲田大学は、慶應に比べて遅れていましたが、改革のピッチは急です。両校とも文科省によって、世界大学ランキング100位以内に入る目標を課されたスーパーグローバル大学(SGU)に認定されていますから、2020年大学入試改革に先駆けて新しい問題作成にチャレンジしているといえます。

他の日本の大学では、まだまだこのような問題を出題するところは多くありませんが、医学部や帰国生向けの入試問題ではいくつか例があります。さらに言えば、欧米の大学ではすでにこのような問題は当たり前になっています。この2つの問題は、2020年からの大学入試問題を予想するうえで重要なヒントになります。

従来の断片的な知識を暗記するだけで乗り切れた問題とは違い、2020年には、2つの問いのように、知識と知識のつながり、知識の背景を論じる思考力が要求されます。

今までの入試問題は、その問題ができたからといって、社会に役立つ実感は抱けなかったし、まったく実用的でない問題も平気で出題されていましたから、どうしても受験勉強というのは必要悪という感覚が当たり前でした。

ところが、「2020年大学入試問題」は、「入試問題」即「世界問題」で、今ここで起こっているグローバルな問題を自分だったらどうやって解決するのかをストレートに問われます。

こうなってくると、私たち中高の教育現場は大きく変わります。大学入試問題を解くための小手先のテクニックとか知識を暗記させるテクニックなどの授業ではなくなります。生徒にとって、世界問題の中の人間の存在意義及び自分のミッションをどうとらえるか深く考え抜く「知」そのものを学ぶ授業になってくるのです。


第1章では、このような世界問題を問う入試問題とはいかなるものであるか。そしてそのような入試問題を出題する背景について、文部科学大臣の諮問機関中央教育審議会で議論されている最新情報を論評します。

第2章では、2020年大学入試改革がもたらす日本の大学の入試問題の変化、特にスーパーグローバル大学を中心に考えていきます。

第3章では、2020年大学入試問題を突破するために重要な思考力とは何か？　について考察します。解が一つではない社会にあっては、論理的に考える前に、まず発想が生まれる「モヤ感」が重要で、論理的思考を通じて創造的才能を生み出すことも重要になります。この一連の関係を考えます。

第4章では、第3章で論じた思考力を養成する授業として位置付けられているアクティブ・ラーニングとは何か？　そもそも「思考力」をめぐる21世紀型教育が養成する能力とは何か？　私が好んで行う「哲学授業」と学びの関係とは何か？　などについて考えていきます。

第5章では、2020年大学入試問題に対応できるハイレベルな英語力とは何か？　実は使える英語力だけではなく英語で思考するレベルまで導くランゲージアーツとしてとらえなおさなければならないことについて考えます。

第6章では、21世紀型能力を最適化するには、一つの正解を要求するスッキリ感を追い求めるのではなく、未知なる世界を感知し突破口を見出すリベラルアーツ教育が重要であり、この教育がなければ21世紀型教育は画竜点睛を欠いてしまうことについて論じます。

そして第7章では、2020年の大学入試問題に立ち返り、その広く深い複眼思考を養う問いが子どもたちのどんな未来を拓くのか、考察したいと思います。

この過程で、「2020年以降に出そうな入試問題」の例を紹介していきます。繰り返しになりますが、2020年からの大学入試改革は、大学入試問題や中高の教育を大きく変えます。すべての子どもたちにとって、今から予想もつかないほど大変化する未来の社会で生き抜き活躍するためには、現在の教育では育成できない異次元の思考力が必要となります。その思考力とは何か？　その思考力の学び方とは何か？

本書を最後まで読んでいただければ、2020年以降の大学入試問題の傾向がご理解いただけると思います。そして2020年に向けてどんな学び方をすればよいのかも見えてくるでしょう。

2020年からの大学入試に合格する力を正しく身につけると、「大学合格までの人」にならない、世界が拓けてくるはずです。本書がそんな未来の素晴らしい日本人を育てる一助になれば、こんな幸せなことはありません。

石川一郎

目次

はじめに 3

第1章 2020年の大学入試問題はこうなる 15

「赤い風船」の意味は?/2020年の大学入試問題と「問い」/2020年大学入試改革の全貌/「学力の3要素」と3段階の選抜方法/CBTから見える2020年大学入試問題/「1点刻み」からの脱却/「大学入学希望者学力評価テスト」では何が求められるのか/国語と英語の問題は融合する/一つの問題に歴史と化学、生物の知識が必要に/最も変わるのは数学の問題か/「自分軸」を作れるか/「自分軸」を作るための知識と活用/再び「赤い風船」について/「赤い風船」をめぐる哲学対話

第2章 東大、京大、慶大、早大、医学部の入試どうなる? 60

スーパーグローバル大学の独自入試/SGUの改革に伴う2020年の大学入試問題/医学部の改革は先行していた/上智大学、立教大学他の入試で始まる英語改革/ケンブリッジの授業にあって、日本の教育が後回しにしてい

るもの／「問い」の改革にこそ本質がある／東京大学の外国学校卒業生特別選考小論文／慶應義塾大学医学部の入試問題の先進性

第3章　モヤ感とクラウド感　91
2020年の大学入試のためにどんなスキルが必要か／知識をスイッチにして思索にふける／モヤ感を残す／わからないことへの耐性／AIにできないこと／妄想力と検索力とクラウド感／ICTはまず「発想革新」／ブルーム型タキソノミーとクリティカルシンキング／だからアクティブ・ラーニング

第4章　本当のアクティブ・ラーニング　124
「マイクラ」にショック／技術・感性・自然のエコシステム／ロジカルに組み立てて組み替える／感性と直感力　PDCAより「遊び心」／アクティブブレイン／東大合格帰国生の学び／麻布の生徒に学び方を学ぶ

第5章　英語力とランゲージアーツ　148
アートとランゲージアーツ／なぜ「印象派」がいいのか／「英語の論理構造」あるいは「コミュニケーションストラテジー」／主張するための感性／知識とは思考だった。思考とは知識だった／TOK／英語入試改革とTOK／

英語も思考力重視

第6章　教養知識から創造的教育へ ―― 179
人を自由にする学問／自由7科とは何か／文系でも理系でもない／ヨーロッパの教育に学ぶ／プロジェクトという授業／自分軸とプロジェクト科／京都大学のすごい問題

第7章　思考力とは何か？ ―― 199
「開成」でいいの？／「問い」のレベル／思考力テスト／麻布の問題と東大の問題／「知のコード」誕生／ルーブリックとは？／マイクロソフトの入社試験も「知のコード」で／「知のコード」でわかる2020年大学入試問題／各大学個別の独自入試問題のヒントがロンドン大学にあった

終　章　ギフテッドの時代 ―― 236

巻末資料　文部科学省が考える「大学入学希望者学力評価テスト」の問題例 ―― 254

第一章　２０２０年の大学入試問題はこうなる

「赤い風船」の意味は？

２０１５年１月、順天堂大学医学部の入学試験で、こんな問題が出題されました。いわゆる一般的な小論文形式の入試問題です。

《キングス・クロス駅の写真です。あなたの感じるところを８００字以内で述べなさい。》

問題の写真というのは、この本の表紙カバーに使用しているものです。写真の中央には、おそらく地下鉄であろう駅の長い階段。日本にはあまりない洞窟のような階段です。写真の上の方には、下を向きながら（かどうかは定かではありませんが）少し暗い駅構内の階段をのぼりきった長いコートを着た男の後ろ姿。右下には手すりに結びつけられたような色鮮やかな２つの「赤い風船」が写っています。

２０１５年春、「かえつ有明」中高の校長に就任したばかりのころ、私はこの「キングス・クロス駅の写真の問題」に出会いました。衝撃でした。赤い風船の存在感が妙に気になったことを今でもよく覚えています。

同大学の医学部は最近、同じような問題を出題していますが、いったいこの種の問題はどう解釈すればよいのでしょう?

この入試問題は、教育関係者の間で大変な話題となり、さまざまな解釈がメディアを賑わしました。医学部の入試問題ですから、医者の資質や素養のある人材かどうかをみようというのが、大前提だろうということは想像できます。階段の向こうに希望を感じさせるという捉え方もできそうですし、赤い風船にこの男は気づかず通り過ぎていることを何かの象徴と見ることもできる。この男が、赤い風船を巻きつけていったと解釈するのもアリかもしれない……、わざわざ「キングス・クロス駅」と明記されているので、ロンドンにあるこの駅について何か知識があれば、これを活かして書く手もあります。確実なのは、正解が一つではないことです。

しかし、私がこの問題を見て衝撃を受けたのは、もう少し深いところにありました。

この写真から、もし医学部の入試問題であるという大前提を外すとどうなるのでしょうか? 医学部志望者だけを教えるわけではない私は、ついこう考えたのです。当然、この写真が投げかける「問い」の切り口、解釈は多角的になるでしょう。

教師もそして生徒も、無前提でこの写真に遭遇したとき、どんな深い「問い」を自分にそして相手に投げかけるのでしょうか。どうやら、この写真、特に「赤い風船」は、「問い」の重要性について私に何かを語りかけているのではないかと感じました。

「問い」。

対話においても授業においても面談においても、そして定期テストや入試問題においても、どれほど重要なのか？　対話や授業を重ねるにつれ、新たな課題や気づきが生まれます。するとなぜだろうという深い「問い」も生まれてきます。こうして、ある正解に行きついたと思うや、次々と新たな「問い」が生まれてきます。それゆえ、生徒の思考は深まります。

今まで正解が一つしかないような「問い」ばかりが並びがちだったのが、典型的な大学入試問題です。当然、大学合格のためには中学・高校の学び方は知識の暗記が重要でした。「赤い風船」の問題を見たとき、あらためて、大きな転換が近いのだと実感することになったのでした。

２０２０年の大学入試問題と「問い」

２０１５年4月に私は「かえつ有明」の校長に就任しました。入学式で新中学1年生を迎え、２０２０年大学入試改革に対応する学校改革をいっしょにスタートしようと語りかけました。２０２０年から逆算すると私も新しい中学1年生と未知の世界を歩くことになるからです。

そんなときに、あの「キングス・クロス駅の写真」に出会ったわけです。ですから、頭の中はすぐに回転し始めました。

そもそもこの問題を生徒はどう考えるだろうか？　教師はこの問題素材をめぐってどんな授業を展開するのだろうか？

高校3年の秋に小論文指導をする授業と中学生や高校1年生段階で行う授業とではどう違うのだろうか？

この問題を、美術の授業で扱ったらどうなるのだろうか？　国語の先生なら何を教えるのだろうか？　理科で扱うとしたらどうなるのだろうか？

いずれにしても、この問題は２０２０年大学入試改革で行われる大学の独自入試の方向性を、すでに示しているのではないだろうか？

どんどん「問い」は現れました。そして、これは自分の中ですぐに解を出すのはもったいない、という想いにとらわれました。

21会（21世紀型教育を創る会）の学校の仲間たちとは、いつも「問い」の質について話をして、「問いの立ち上げ」についての勉強会を開いているぐらいです。なぜ、「問い」にこだわるのか？　本書のメインテーマの一つがこれなので詳しくは折に触れて説明していきますが、よい「問い」、パワフルな「問い」というのは、生徒の思考を大回転させるからなのです。仲間と対話をすることで、いつも新しい発見をしています。

「キングス・クロス駅の赤い風船の写真」に出会った私は、この1年間、徹底してこの写真の問題の意味について学内全体で対話をしてみることにしました。

まずは教頭、教育統括部長などで構成されている部長会でこの写真を提示して、うちの各教科の教師はこの写真を使ってどんな授業をするのか尋ねてみました。

私が想定した教師からの答えは、この写真のように解答に必要な「知識」がどの領域にあるのか判然としない問題は、それぞれの教科の授業では行えないが、教科横断型の授業である「サイエンス科」や「プロジェクト科」などでは行えるのではないか、といったものでした。

かえつ有明では、２００６年の開校当時から、中学で「考えるスキル」をトレーニングする新教科「サイエンス科」を総合学習の時間として、紆余曲折しながら実践してきています。さらに今年、高校入試を再開しましたが、高校から入ってくる生徒は、その「サイエンス科」を当然体験してきていないので、「プロジェクト科」という「サイエンス科」のエッセンスと発展的な学びを織り込んだ新教科を立ち上げています。

英語ではTOK（Theory of Knowledge：知の理論）というIB（国際バカロレア）のディプロマ（16〜19歳を対象とした大学入学資格。我が校では高校2年生、3年生の教育課程）のプログラムの一つにある対話形式のいわば哲学授業を外国人教師がずっと行っています。

したがって、これらの「教科横断型の授業でやるのがいいでしょう」と、なるのではないかと心配だったのです。ですが教師たちの意見は、嬉しいことに違いました。

「サイエンス科」では、考える糸口として基本的なスキルを学んでいます。そのスキルは、まず「コンペア・コントラスト（compare・contrast）」と呼んでいる「比較・対照」の視点を組み立てる技術です。この基本的スキルは教員に共有されているので、すぐに階段をのぼりきった後ろ姿の紳士と手前の赤い風船の意味の違いをどのように解いていくのかについて議論になりました。

そして、自分たちが模範解答を今この場で出してしまっては意味がない。もともと「サイエンス科」を担当する教師チームは、教科横断型で編成しているし、ローテーションで全員が体験するわけだから、各教科で取り扱ってこそ教科横断型ができるということを証明できるのではないかと議論は盛り上がったのです。

約2ヵ月後の6月に、全国私立中学高等学校私立学校専門研修会の授業視察の舞台となっていましたので、全教科でこの「キングス・クロス駅の写真」という同一素材をテーマに、授業を展開しようということに決まったのでした。すぐ結論を出さないことで、学内はチャレンジングな雰囲気になりました。みんな「問い」の「答え」が気になっている「モヤ」っとした思考状態も生まれました。これが、実は教える側にとってはもちろん、教わる側、将来入試を受ける側である生徒たちにとっても重要な意味を持っているのです。

読者の皆さんにもこの雰囲気を味わっていただきたいので、「キングス・クロス駅の写真」についての解釈は、この章を最後まで読まないと、わからないままにしておきたいと思います。

2020年大学入試改革の全貌

「モヤ」っとしたままで申し訳ありませんが、ここで、2020年の大学入試改革について、文部科学省が発表していることなどをもとに説明しておきましょう。

まず、端的に何が変わるかというと、2019年で現行の大学入試センター試験が廃止されます。そして、同じ２０１９年から２０２２年まで、高校2年時に「高等学校基礎学力テスト（仮称＝以下略）」が試行実施時期は未定ですが、スタートします。そして２０２０年からセンター試験に代わって「大学入学希望者学力評価テスト（仮称＝以下略）」が始まります。この２つのテストを経て、各大学が個別の独自入試を行うことになります。

今までも共通一次試験から大学入試センター試験に変わったり、センター試験自体も、科目が変わったりしてきましたが、今回は対症療法ではなく根本的に、文部科学省が大転換を企てています。

２０１４年の12月、中央教育審議会（中教審）は「新しい時代にふさわしい高大接続の実現に向けた高等学校教育、大学教育、大学入学者選抜の一体的改革について」という答申を出しました。２０２０年に大学入試の改革が実施されることにより、学習指導要領の改訂作業がすでに始まっています。

大学入試問題は、学習指導要領の範囲内で出題されます。範囲を超えなければ範囲すべてを満たして出題されるかどうかは問題になりません。２００８年以降小学校から順次移行措置に入った現行の学習指導要領の確かな学力に基づいた「生きる力」は、次の「学力の3要素」によって養うとされてきました。「基礎的な知識・技能」「知識・技能を活用し、自ら考え、判断し、表現する力」「学習に取り組む意欲」の３つです。

そして改訂学習指導要領は、現行の「学力の3要素」を継承しつつ、文言を次のように変更します。「知識・技能」「思考力・判断力・表現力」「主体性・多様性・協働性」の3つですが、それでは、いったい何が変わったのでしょうか。

これまで、学習指導要領の改訂は、多くは10年に一度行われてきましたが、変更するときは、前回の学習指導要領の改善という手法をとってきました。ところが、現行学習指導要領が動き出してすぐに、リーマンショックの衝撃があり、2度の政権交代があり、未曾有の大災害となった東日本大震災が起こりました。改訂したばかりの現行学習指導要領が想定していなかったことが、矢継ぎ早にやってきたのです。

端的に言えば、グローバル化、多極化などで世の中の変化は早い。厳しい時代に通用する「生きる力」を身につける教育をしましょうというのが、文科省の意図です。そのためには、大学入試が一方で暗記偏重知識量重視であり、逆にAO入試なども機能していないので根本的に変革しましょうというのです。

日本の大学の置かれている事情を考えても入試の大改革は待ったなしでしょう。

2015年9月に発表された大学の世界ランキング（英タイムズ・ハイヤー・エデュケーション）で、東京大学が43位、京都大学が88位と、100位以内に2大学だけ。しかも東大がアジアNo.1でなくなりました。グローバル経済や国際政治、イノベーションで活躍するリーダーを育成する能力を持たなければ、留学生やレベルの高い教授をリクルートできませんから、世界ランキングがどんどん下がっていきます。大学の学問レベルはもちろん一国の政治経済、科学技術に大きな影響を与えます。

今までのように学力の3要素のうち「知識・技能」に偏った入試問題を作成していたのでは、解なき社会、グローバルな社会で、世界の人材ネットワークと協働して問題を創造的に解決していける人材を獲得できません。

世界大学ランキング上位の大学は、世界中を回ってイノベーションの才能や創造的な才能を有している人材をリクルートし、彼らの才能を見出す大学入学システムを構築しています。徹底的に「自分とは何か」という「自分軸」を表現する口頭試問や小論文は当たり前のように課しています。基礎知識についてはどう活用するかというところまで問いかけます。高校時代に主体的に多様性の中で協力し合いながら社会貢献する学びの体験も重視しています。

もはや知識偏重型ともいえる「知識・技能」の要素だけ問う問題を出しているようでは、知のグローバル競争から脱落することは火を見るよりも明らかになったのです。

そこで、中高で新しい「学力の3要素」をきっちり学んできている生徒が評価できる「大学入試問題」を出題しようという大転換が起こったのです。

「学力の3要素」と3段階の選抜方法

大学入試問題で、学力の3要素「知識・技能」「思考力・判断力・表現力」「主体性・多様性・協働性」を評価するということは、学びの質が根本から変わるということを意味します。そして、教育再生実行会議や中央教育審議会などの報告書によると、「知識の再生を1点刻みに、一度限りの結果で問う評価から転換」を行い、学力の3要素に対応し、学びのプロセスや学びの意欲、人物を重視した評価を目指すということになっています。

1点刻みの評価からの脱却とか知識偏重という表現は、知識悪玉論にすぐに流れていきますが、そもそもそんな知識論から脱却しようというのが、文科省の狙いです。

一つの知識という「点」ではなく、そこから広がるネットワーク情報をいかに立体的に関連づけられるか、その関連づけの学びの体験やそれを通して、生徒がどう成長したかまで、つまり学びのプロセスを評価する入試問題に大転換しようということなのです。

一度限りのテストで終わってしまっては、学びのプロセスをみることができません。また、今までの知識再生型の学びに、「思考力・判断力・表現力」「主体性・多様性・協働性」の学力まで評価するとなると、学びの過程で生徒自身が自分の弱みや強みを振り返りながら、学びの方法を改善していく必要があります。その成長が学びのプロセスにもなるわけです。

その「知識の再生を1点刻みに、一度限りの結果で問う評価から転換」するのにともない、生徒は大学に入学する準備として、3つのテスト、つまり「高等学校基礎学力テスト」「大学入学希望者学力評価テスト」「各大学個別の独自入試」を受けていくことになるのです。

「高等学校基礎学力テスト」を高校2年生で、複数回（今のところ2回の予定ですが、まだ継続審議中です）受けることによって、自分の学力の弱みを見出し、強みに変容させていく学びを探れるのです。高校生版全国学力テストのような試験を課して、自分がどこまで知識を活用して思考ができるのか、判断ができるのか、表現ができるのか、の自己認知のバロメーターになるテストを設定するのです。このテストで「思考力・判断力・表現力」の基礎になる「知識・技能」の資質・能力をまずはチェックしようというのです。

今のところこのテストは、大学入試の判断材料にはしないということです。しかし、通知表には記録するわけですから、たとえば、2回受けて、2回目が伸びたという結果であれば、その努力を評価することも大切なことだと思います。失敗を恐れない自己肯定的な生徒も増えることでしょう。

2つ目の「大学入学希望者学力評価テスト」が、「大学入試センター試験」に代わるものです。学力の3要素のうち「知識・技能を活用して、自ら課題を発見し、その解決に向けて探究し、成果等を表現するために必要な思考力・判断力・表現力等の能力」を中心に評価します。

そして、この「大学入学希望者学力評価テスト」と「各大学個別の独自入試」と併用して選抜するということになります。この3つ目の「各大学個別の独自入試問題」こそ、「思考力・判断力・表現力」とさらに「主体性・多様性・協働性」の範囲まで十分に評価できるテストとして作成されることになります。

しかも、今回は文部科学省は、「アドミッション・ポリシー（入学者受入の方針）を、カリキュラム・ポリシー（教育課程編成・実施の方針）、ディプロマ・ポリシー（学位授与の方針）と一体的なものとして法令上位置付ける」とし、「アドミッション・ポリシーに関するガイドライン」の策定にまで言及しています。これによって、「各大学個別の独自入試」で、「知識・技能」までの問題しか作成しないなどということは回避できるでしょう。

さて、「高等学校基礎学力テスト」「大学入学希望者学力評価テスト」の2つのテストについては、生徒の学びのプロセスや思考の段階などを生徒や教師が共有できるようにするのですから、データ化する必要があります。

そこで、今までにない重要な改革のポイントをもう一つ文部科学省は設定しています。

それは両テストがＣＢＴ（コンピュータベーステスティング）での実施が予定されているということなのです。コンピュータの画面にテスト問題が立ち上がり、キーボードで解答を打ち込んでいきます。「高等学校基礎学力テスト」では、短めの記述の解答も打ち込みます。「大学入学希望者学力評価テスト」では、長めの記述や論述式問題の解答も打ち込むという予定になっています。

ＣＢＴから見える２０２０年大学入試問題

ＣＢＴになるということは、あらかじめ採点のためのプログラミングができていなければなりません。そして、ある問題がどんな能力を評価するためのものか、いわば「問いの分類」がされていなければなりません。

つまり、「学力の3要素」であった「知識・技能」の問いはどれか、「思考力・判断力・表現力」の問いはどれか、「主体性・多様性・協働性」の問いはどれか、これらの分類に従って、テスト問題が作成されることになるでしょう。

この、「問いの分類」を予めしておき、コンピュータに入力するのですが、この作業を「コーディング」といいます。コンビニで商品を購入すると、バーコードをチェックされます。どのような商品が売れたのかその傾向を分析し、多く売れる商品を棚に並べていくわけです。これが可能になったのはコンピュータのおかげであり、分類「コード」が体系的に作られているからです。

資質・能力も分類「コード」できちんと整理され、どのコード番号の問いが得意か不得意か学びのプロセスを認識できるようになるのです。改訂学習指導要領には「カリキュラム・マネジメント」というキーワードも盛りこまれますが、そのためにはCBTの結果をデータ分析できるようにシステムが組まれていなければなりません。AI時代に向けてそういう計画があるのです。

ただし、高校の改訂学習指導要領が全面実施になるのは、2022年です。移行措置の間はマークシートと論述の手採点の併用によって採点される予定になっています。しかし大事なことはCBTの技術的側面ではなく、その導入想定が改革のビジョンを明らかにすることです。

「知識・技能」はコーディングがしやすいので問題がありません。「思考力・判断力・表現力」もある程度のところまではできるでしょう。しかし「主体性・多様性・協働性」は今のところ大変難しいのです。

つまりCBTを導入するということは、「知識・技能」と「思考力・判断力・表現力」の論理的レベルまで採点ができます。したがって、「思考力・判断力・表現力」の創造的なレベルや「主体性・多様性・協働性」からは、「各大学個別の独自入試」の出題範囲となることが予想できるのです。「高等学校基礎学力テスト」では、「知識・技能」の問いを、「大学入学希望者学力評価テスト」では、「思考力・判断力・表現力」の論理的レベルまでの問いを出題すると予定しているのです。

「一点刻み」からの脱却

ここまでで、2020年の大学入試改革の内容と、改革を進める文科省の考え方、すなわち「学力の3要素」を重視する姿勢がご理解いただけたかと思います。

ところで、この改革の気運は何も日本社会だけの事情で生まれたのではありません。今回の改革のもう一つの大切な点に、グローバル教育としてどうしても実行しなければならなかったということがあります。

日本の大学入試改革に関連する海外の「大学入学準備教育」の制度について簡単に確認しておきましょう。「大学入学準備教育」と書いたのは、海外では「大学受験勉強」とは表現しないからです。ちなみに「大学入学希望者学力評価テスト」のネーミングも、「大学入学準備教育」に由来します。

英国の「ファウンデーションコース」や「ギャップイヤー」、米国の「デュアルエンロールメント」という制度を知っていますか？　日本も、これら欧米の制度のようなグローバルスタンダードに合わせた、大学入試改革及び教育改革が行われていくでしょう。２０２０年大学入試改革における「高等学校基礎学力テスト」や「大学入学希望者学力評価テスト」の設定は、まさにこれらの海外の教育制度比較研究が積み上げられて提案されているのです。

昨今、話題になっているように、今回の大学入試改革を迫る時代の変化の根っこは、グローバル人材とは何か？　を求めて起こっています。

１９８９年のベルリンの壁崩壊以前のように、国家の庇護のもとに重化学工業の国際競争で勝ち組になることが目的だったときとは時代は違います。そのときは、経済合理性、計算可能性の追求、予定調和的将来見通しが可能でした。

ですから、国の産業を下支えする労働力に、批判的で創造的な思考力を装備する教育の必要はなかったのです。極論すれば、そのような思考力を発揮されると、自然と社会と精神の循環を断絶阻害して、格差や環境破壊を引き起こす問題を掘り起こされる可能性がありますから、むしろ不要だったわけです。

与えられた知識を、組織の指示通りに手続きにしたがって当てはめていくスピードが速ければ速いほど、正確であれば正確であるほど優秀な労働者ということになったのです。

しかし、89年以降、特に20世紀末以降は、まさに不確実で解なき時代を迎えてしまったことは、今や誰でも感じているでしょう。

すると、1点刻みの知識定着度を競ってきたお山の大将を育てるような学びの方法論では、不具合を生じてきます。そのような環境で育った人材が、世界の政治経済社会のみならず、社会起業の世界でも役に立たないというのは、今やあまりに自明です。与えられた知識の記憶量の多寡の競争から脱却しなければいけません。

「大学入学希望者学力評価テスト」では何が求められるのか

さて、この初めの2つのテストのシステムは、英国のシステムを参考にしている可能性があります。英国の場合、5～16歳の課程を修了するときにGCSE（General Certificate of Secondary Education）を受験します。成績評価はA～Gのグレードで評価され、大学進学希望者は、一般的に8～10科目を受験します。

日本でいう高校卒業時には、GCE－Aレベル（General Certificate of Education, Advanced Level）という、一般に「Aレベル」と呼ばれる試験を受けます。選択科目をGCSEよりも少ない3～5科目に絞り、専門的に勉強します。試験結果はA～Eのグレードで評価され、これが日本のいわゆる大学入試にあたります。

用意された科目は、かなり多く、この中から大学で専門的に学ぶ科目を選択します。列挙すると会計、古代史、考古学、アート、生物学、ビジネス・スタディーズ、化学、古典文明、経済学、英文学、地理学、行政学と政治学、歴史、美術史、情報コミュニケーション技術、法律、数学、数学上級、哲学、物理学、心理学、社会学です。

かなり専門的で、Aレベルでハイスコアを取得する生徒は、大学の学部レベルの学びを行ったとみなされます。

日本の「高等学校基礎学力テスト」はGCSEに相当し、「大学入学希望者学力評価テスト」はAレベルに相当すると形式的には見えなくもないのですが、現状のカリキュラムでは、そうはならないことは認識しておいた方がよいでしょう。

それで、18歳時の学力レベルを欧米に遜色ないレベル、競争力のあるレベルに合わせるため、文部科学省は、SGH（スーパーグローバルハイスクール）で、アクティブ・ラーニング型の新しい科目を設定するように指示しています。「大学入学希望者学力評価テスト」では、これまでの「教科型」の問題に加えて、「合教科・科目型」「総合型」の問題を組み合わせて出題するとしたり、さらに、将来的には「合教科・科目型」「総合型」のみを目指すとしているのです。

しかし、これは、下手をしたら「ゆとり教育」の二の舞です。何が足りないのでしょう。

英国のシステムの特徴は、A〜Eのグレードで分けるということにあります。

これは何を意味しているのでしょうか？　従来の1点刻みの評価方法は、問題の質にかかわらず、得点の集積、つまり量で合否を決めるシステムです。一方グレードは、問いの質の違いを意味しています。どこまで考えることができるのか、どこまで広く領域を横断できる普遍的な原則を見出せるのか、新しいルールやアイデアを見つけることができるのかなど、考える次元が違います。

GCSEはLOT（Lower Order Thinking）という通常次元の思考を対象にする試験で、AレベルはHOT（Higher Order Thinking）という高次思考を対象とする試験です。LOTは知識・技能の論理的活用力、HOTは「思考力・判断力・表現力」で、英国や米国では「クリティカル／クリエイティブシンキング」と呼ばれ、批判的な視点や創造力を使う思考を意味します。

実は、LOTとHOTの分類の基礎になっているのは、認知心理学、教育心理学の研究者である米国のベンジャミン・ブルームのタキソノミー（思考のレベルの分類）に拠っています。

ブルームのタキソノミーは6段階で少しわかりにくいのですが、「知識」「理解」「応用」

「論理的思考」「批判的思考」「創造的思考」に分類されると理解しておけばよいでしょう。そして、ＬＯＴというのは、「知識」「理解」「応用」までを示し、高次思考であるＨＯＴは、「論理的思考」「批判的思考」「創造的思考」を示しています。

実は日本のゆとり教育の目玉だった「総合学習」は、この思考のレベルを積み上げていく教育理論を実践しようとしながらまったくできませんでした。なぜかというと現行学習指導要領は、ＬＯＴという通常思考の次元の枠組みの中で難しい知識を大量に生徒に提供してきたために、講義形式の授業の方がずっと効率がよかったからです。

そこで、２０２０年大学入試問題の内容は、思考のレベルをＬＯＴから高次思考であるＨＯＴ次元にまで広げています。ＬＯＴレベルの「知識・技能」だけではなく、高次思考ＨＯＴである「思考力・判断力・表現力」とその高次思考を支える「主体性・多様性・協働性」という学力の3要素のレベル分けをしているのです。

つまり、「大学入学希望者学力評価テスト」では、１００字から２００字くらいの論述型の問題が出題され、ＬＯＴの次元とＨＯＴの次元をつなぐ論理的思考が必要な問題が出ることになるでしょう。

さて、「キングス・クロス駅の写真の問題」を思い出してください。あの問題はＬＯＴ次元でも解けますが、順天堂大学の医学部は、ＨＯＴレベルまで求めています。２０２０

年大学入試改革は、「高等学校基礎学力テスト」、「大学入学希望者学力評価テスト」、そして「各大学個別の独自入試」の3層構造が想定されていたのでしたが、決定的に欧米に後れをとっているのは、3層目の大学の独自入試に対応できる能力を18歳で身につけていたとしても、海外の大学は、日本の高校の卒業資格では、その能力を身につけていることを認めさせることが、まだできないということです。

だから、オックスブリッジに行きたくても、日本の高校を卒業しただけでは、エントリーもできないのです。英国のAレベル、IB（国際バカロレア）のディプロマ、米国のAP（アドバンストプレイスメント）、フランスの高校卒業資格は、HOTレベルの「思考力・判断力・表現力」があるとオックスブリッジ側でも認定するのです。

高校卒業時にHOTレベルの能力を世界に認めさせるための改革が、文科省の2020年の大学入試改革の狙いです。そして、ここが肝心なのですが、このHOTレベルをトレーニングする授業システムこそが、「対話」や「議論」を中心とするアクティブ・ラーニングなのです。

現状巻き起こっている疑問は、2020年大学入試改革は本当に実現可能なのか？　さらに、アクティブ・ラーニングで大学合格実績を出せるのか？　という一見つまらないものです。ですが文科省への不安から生まれている、これらの疑問は、日本の教育システムが言葉だけが先行していて、欧米のグローバルな大学入学準備教育システムと符合していないということを、実はピタリと言い当てているわけです。

とはいえ、その不安の根っこを以上のように解明し、日本の教育が今すぐ変わっていかなければ、もう後がない、というのも否定できないのです。

国語と英語の問題は融合する

グローバルスタンダードに合わせるための文科省の遅まきながらの意図など、改革の理念的な説明を理解していただいたところで、具体的にどんな問題になるかを説明していきましょう。

ブルームのタキソノミーやそれを脱しようとしながら思考のレベルの分類を継承していった多くの学者は、結局6段階に分類するところで落ち着いています。

大きく分けると3段階です。それは英語の4技能(「聞く」「読む」「話す」「書く」)の育成を促進する中で、最近確固としたグローバルスタンダードとして文部科学省に採用されたCEFR(Common European Framework of Reference for Languages ヨーロッパ言語共通参照枠)を見ればわかるでしょう。A1/A2/B1/B2/C1/C2と大きくはABCの3段階、さらに各レベルを二分して6段階に分かれています(C2が最上位レベル)。

「2020年の大学入試問題」の3段階と
学力の3要素・ブルーム型タキソノミー・CEFRレベル

<table>
<tr><th></th><th colspan="3">高校３年生</th><th colspan="3">高校２年生</th></tr>
<tr><td>2020年の大学入試問題</td><td colspan="2">各大学個別独自入試</td><td>大学入学希望者学力評価テスト</td><td colspan="3">高等学校基礎学力テスト</td></tr>
<tr><td>学力の３要素</td><td>主体性
多様性
協働性</td><td colspan="2">思考力
判断力
表現力</td><td colspan="3">知識
技能</td></tr>
<tr><td rowspan="2">ブルーム型タキソノミー</td><td>創造的思考力</td><td>批判的思考力</td><td>論理的思考力</td><td>応用</td><td>理解</td><td>知識</td></tr>
<tr><td colspan="3">HOT
(Higher Order Thinking)</td><td colspan="3">LOT
(Lower Order Thinking)</td></tr>
<tr><td rowspan="2">CEFR</td><td>C2</td><td>C1</td><td>B2</td><td>B1</td><td>A2</td><td>A1</td></tr>
<tr><td colspan="2">学問レベルの議論・探究ができる</td><td colspan="2">新聞を活用して市民社会について議論できる</td><td colspan="2">日常会話レベルがスムーズにできる</td></tr>
</table>

TOEFLやIELTS、TEAP、英検などの英語の外部試験は、スコアの付け方がバラバラですから、文部科学省は、CEFR基準に換算して、新学習指導要領では、高校卒業時にB1～B2レベルまで習得することを目標とする予定です。すでにSGH（スーパーグローバルハイスクール）における英語力の目標はB1～B2レベルです。

さて、ここで大変重要なポイントが2つあります。

1つ目は、どうやらブルームのタキソノミーは手を替え品を替え、グローバルスタンダードになっているということです。そして、高校卒業までに大きく3つに分けたうち2つ目までは到達することを教育目標として掲げそうだということ。

2つ目は、これが本項のテーマになりますが、CEFRは「英語」の基準ではなく、「言語」の基準だということです。1989年のベルリンの壁崩壊以降、ヨーロッパ市民の言語のレベルを統一し、多言語でもヨーロッパ民主主義を実現するために、同じ水準の言語活動ができるようにしよう、という意図で設定したものなのです。

我が校では、3月に高1の希望者にケンブリッジ英語研修を行っています。また、高2の秋にはケンブリッジ修学旅行を行っています。創設者嘉悦孝《かえつたか》が、アダム・スミスの『国富論』を原書で読んでいたということや、ケンブリッジ大学の構内に嘉悦ケンブリッジ教育文化センターも設置しているという縁があるからです。このケンブリッジ研修に同行して思うことですが、ヨーロッパにとって、言語は思考です。言語の限界はおそらく思考の限界です。ですから、この限界をいかにしたら乗り越えられるのか、あるいは乗り越えられないのか、新約聖書に「はじめに言葉ありき」と刻印されたときから議論されてきた歴史があります。最近では、新しい言語表現を哲学や文学で発明して、世界を変えることは可能かを議論する現代思想が生まれています。この現代思想を扱った文章は、多くの大学で入試の読解問題で出題する頻出素材でもあります。

ヨーロッパ、特に欧州評議会やその真後ろに建っているEU議会があるストラスブールでは、大学に日本学研究の学部があります。村上春樹の若き研究家もいるくらい日本の文化のファンが多いのですが、それがゆえに彼らが学ぶ日本語もCEFR基準で刷り合わされます。

簡単に言うと、A領域では、日常生活が支障なくできるレベルの言語活動。B領域ではヨーロッパ市民として、新聞ベースの読解リテラシー、ディスカッションの能力。論理的思考力の次元です。そしてC領域は、学問的な次元でクリティカル/クリエイティブシンキングが可能な言語活動ができる能力ということになります。

IB（国際バカロレア）やOECD（経済協力開発機構）のPISA（国際学習到達度調査）、そしてCEFRも、結局は似たり寄ったりの思考の習熟度レベルを形成しています。

この状況は、もちろん文部科学省もリサーチ済みです。よって、英語は外部試験でよい、としているのです。ですから英語そのものの試験はもはや大学入試の局面で出てくる必要はなくなるでしょう。そして国語は、多言語の中の一つとして現代日本語として入試問題が出題されるようになります。古典や漢文はどうなるのでしょうか？　いずれ文化人類学や異文化比較学などの分野に包摂され、その学部を受験するときには選択するということになるでしょう。ある時代のある地域の研究をするときに、その時代に使われていた言語を学ぶのと同じ扱いです。

言語としての現代国語であるならば、結局日本語でも英語でもスペイン語でもフランス語でも同じ問題が出題できます。すでにＰＩＳＡはＯＥＣＤ加盟国の言語に翻訳されて使われていますから、荒唐無稽なことでもなんでもありません。

そして、実際に文科省が「大学入学希望者学力評価テスト」の問題として想定しているのは、ＰＩＳＡの問題です。新テストを模索しているワーキンググループでケースメソッドとして提出されている資料の中にＰＩＳＡの問題がドンと並んでいます。

こう考えていくと、国語と英語の問題は、「読解リテラシー」として融合されていくことになると容易に想像できます。ＰＩＳＡでは、「読解リテラシー」の思考習熟度レベルを大きく3つに分けています。「情報へのアクセス・取り出し」「統合・解釈」「熟考・評価」。CEFRのAレベル、Bレベル、Cレベルに相当します。そして、PISAの目的はあくまで民主主義の市民の読解リテラシーの到達状況をリサーチしているわけですから、「情報へのアクセス・取り出し」「統合・解釈」の問題が圧倒的に多く出題されているのです。

したがって、「高等学校基礎学力テスト」と「大学入学希望者学力評価テスト」における国語や英語の問題は、読解リテラシーとして融合され、前者においては「情報へのアクセス・取り出し」が中心に問題が作成され、後者では「統合・解釈」のレベルが中心に問題が作成されるでしょう。そして3層構造の3つ目の大学の独自入試で、「統合・解釈」の次元、つまりHOT次元がベースになった問題が出題されるはずです。つまり、「キングス・クロス駅の写真の問題」のようなレベルの問題です。

一つの問題に歴史と化学、生物の知識が必要に

文科省が「大学入学希望者学力評価テスト」で想定しているPISAの問題から予測できることはまだあります。

PISAでは、科学的リテラシーは調査していますが、社会的リテラシーは調査していません。おそらく社会という領域は、OECD加盟各国の風土・地理・産業の特色が多様

で受験生の条件の公平性を確保するのが難しいからなのでしょう。

しかし、科学的リテラシーの能力別段階は、「科学的な疑問を認識すること」「現象を科学的に説明すること」「科学的証拠を用いること」という3段階になっていて、3つ目の「科学的な証拠」では根拠の社会的意味まで考察するようになっています。

英国のAレベルテストの歴史の問題で、こんな出題があります。


《19世紀に入ってからの産業革命が失業を生み出し、環境を破壊することになったのはなぜかを論述せよ。》

この問題は、産業革命が化石燃料革命であることを結びつければ、どうしても化学の領域が必要になり、加えて人口増加と環境と健康の問題も結びついていきますから、生物学的な発想も必要になってきます。

我が校では、「思考力テスト」で産業革命について以下のように論じさせています。

まずは、産業革命の社会的現象の事実を再現します。産業革命の前の農業革命と比較させたり、産業革命で生産された機械やそのエンジンのエネルギーは何かなどを考えていきます。そのエンジンの発明は蒸気船や蒸気機関車、自動車を生産していくことになります。ここまでくれば、産業の発展のために大量移動がなぜ必要かという問いを生徒といっしょに考えることができます。

また、ある生徒は、人間の自由に動ける範囲も拡大することに注目し、移動の自由は市民革命に影響を及ぼしたのではないか？　世界史は、産業革命と市民革命のつながりを織り込んでいるのではないか？　など新たな問いを立ち上げます。市民革命と移動の自由の関係、移動と世界市場の関係、その関係の矛盾など次々に問いが生まれてくるのです。

すると、当然二酸化炭素の問題や人口爆発による健康に関する社会問題なども考えることになっていきます。

「大学入学希望者学力評価テスト」において「合教科・科目型」「総合型」テストがテーマになるのは当然です。我が校の場合は、サイエンス科によって学際的な思考様式を身につける取り組みを始めています。そのような力を身につけていることを評価する大学入試問題が出題されれば、卒業時に身につける能力も、知識を獲得するばかりではなく、「思考力・判断力・表現力」まで身につける教育へと転換しますから、大歓迎なのです。

最も変わるのは数学の問題か

数学に関しては、米国などに留学して帰国してきた生徒は、「数学の問題は易しかった」

とか、「数学だけは1学年飛び級だった」といったことを口をそろえて言います。これは多くの日本人に共通する強みでしょう。

Aレベルテストの問題やIB（国際バカロレア）での数学の問題の難易度という観点からは日本の数学教育は優れているから改革の必要性を、現場は感じないかもしれません。

しかしながら、数学的なものの見方という点についてはどうでしょう。宇宙や物理、経済などの現象に関して数学的なものの見方は必要であることは誰でもピンときますが、日常生活や社会現象を数学的に考えるという文化が意外と私たちの回りにはなかったのではないでしょうか。

ところが、あらゆるものは数学的にとらえることができます。実際家計簿のアプリだとか、運動活動量計アプリだとか大流行です。私などは、定期的に血圧や血糖値も測ります。経済や健康を数値化することによって、家計や身体の具合を調整することは、道徳でコントロールするのではなく、数学的な考え方で合理的にコントロールすることです。

ICT（情報通信技術）の発達によって、合理的コントロールが道徳的コントロールを排除してしまうのはまた問題ですが、従来道徳的コントロールに偏っていたことが、クリティカル／クリエイティブシンキングを養成することの壁になっていた可能性もあります。

PISAの数学的リテラシーの能力段階もやはり3つ設定されています。「再現クラスター」「関連付けクラスター」「熟考クラスター」がそれです。「クラスター」とは、ここでは、数学的思考のプロセスを展開できる能力のことをさしています。簡単に言えば、「再現クラスター」は計算や公式を再現できる能力。「関連付けクラスター」は、幾何の問題で補助線に気づいたり、規則性を見出したり、微分と幾何を連合させて解決するといった能力。「熟考クラスター」は、社会現象や自然現象を新しい関数関係に変換する創造的な能力ということのようです。

ＩＢ数学では、子どもが発熱して、平常に戻るまでのプロセスをグラフ化し、指数関数の方程式を導き出したり、市場の価格決定をやはり同じようにグラフ化し、関数方程式を導き出したりする問題を出題します。たとえばこんな問題です。

《絶滅が心配される動物が生息する区域は禁猟区となる。今このような動物が１５０いるとき、t年後の生息数は N=150・1.05^t で表せる。1年後、２年後、５年後の生息数を求めよ。２倍になるのに何年かかるか。４００になるのは何年後か。グラフを書け。そのグラフは現実的か。》

また、テスト問題の正答率と生徒のレベルの関係をロジスティック曲線で考えさせるような問題を出題します。受験生の平均正答率30％の問題も、能力の高い集団の正答率は30％よりも高くなり、能力が低い集団の正答率は30％以下になりますが、この状態をグラフにするとS字形のロジスティック曲線と呼ばれるグラフになります。つまり今回の大学入試改革の新テストで活用するＩＲＴ（アイテムレスポンスセオリー。項目反応理論）の基本的な概念を考える問題まで出題されます（ＩＢ数学の問題は、千里国際学園中等部・高等部の馬場博史氏レポート『国際バカロレア数学の問題をグラフ電卓を使って解いてみよう』等より）。

問題の難易度ではなく、数学的思考をどこまで現実の現象と結びつけられるかというのが世界の数学的なアプローチの潮流です。

２０２０年大学入試改革で問題の設定そのものが大転換するのは数学かもしれません。

「自分軸」を作れるか

今まで説明してきたように２０２０年大学入試問題は、記憶した知識を再生するだけでは解けない問題が出題されます。知識をベースに論理的に批判的に創造的に思考しなければならないような問題は、批判するオリジナルの基準、創造が生まれる強い意志が不可欠です。

私はそれを「自分軸」と表現しています。

対話や議論、チーム学習、論文編集、発表が中核となるアクティブ・ラーニング型の授業が改訂学習指導要領に導入されるのは、そうしなければ2020年大学入試問題が解けないし、大学入学以降の社会の変化の中で生き抜いていくことができないからでしょう。そのためには「自分軸」を作っておくことが不可欠になります。

我が校では入学して1ヵ月後にはケンブリッジに研修に行きます。言語も文化も違う中で、はじめ臆している自分に気づきます。それは、英国に行ったから臆しているのでしょうか。いいえ、それは日本でも同じだったのではないかと気づき始めます。変わらない文化、変わらない価値観の中で、静かに同調して生きていける環境が日本にはあります。

そのことを、その都度振り返り、共有していく機会を教師はつくります。かくかくしかじかの「自分軸」を作らなければならないなどと教えることはしません。そんなことをしたら、生徒はただ従うか反発するかでしょう。どのような「自分軸」なのか、振り返り、共有し、今ここでの自分の気持ちを表現できるようになるまで、教師は待っています。

各教科の授業でも同じです。今2020年大学入試改革に接続する新学習指導要領では、授業はアクティブ・ラーニングを行うとなっています。知識を一方通行的に講義する従来型の授業では生徒は受動的だから、知識を使って積極的能動的に思考できない。だから能動的学習であるアクティブ・ラーニングなのだということになっています。

この授業における対話や議論、協働作業を通して、次のような自問自答というセルフリフレクションができるようになります。

自分にとって「知識・技能」がどう役に立つのか？

それは社会に貢献できる知識の使い方や技能を発揮できるのか？

自分は何を何のために思考し、判断し、それを表現することが社会や世界を創ることにつながるのか？

自分はいったいどこに向かって主体的になり、多様な人々や文化をどのように受け入れることができるのか？　そのために協調できる自分とはどのような存在なのか？

誰か他者に承認されることよりも、自分がまず意思決定することが重要であることに気づくでしょう。その気づきが「自分軸」です。しかし、「自分軸」はこれだと思っても、次の瞬間にはブレているものです。ブレているぞと声をかけてくれる仲間やそれを受け入れる信頼関係を作ることが授業の中に埋め込まれている必要があるでしょう。「自分軸」はその対話関係の中で、ブレない自分ができていく中で見えてきます。だからアクティブ・ラーニングで学ぶ必要があるのです。

かくして、未知の世界「キングス・クロス駅の写真」に遭遇したときに、独自の視点で見つめ、耳を澄ますことができるのです。知識や技能は客観的なものですが、「自分軸」

は他の誰も同じ位置に立つことができない自分自身の立ち位置です。仲間と自分、教師と自分、社会と自分、自然と自分、世界と自分……。身近なところから大きな世界まで、一貫する「自分軸」を持ち、それをお互いに尊敬しあえる信頼関係を構築します。

２０２０年大学入試問題はそこまで評価しようとしています。だとすると、２０２０年を待たずして、今ここですべての生徒に「対話」と「議論」と「振り返り」、つまり「メタ認知」を織り込んだカリキュラムをマネジメントすることが大切だと思えるのです。

「自分軸」を作るための知識と活用

２０２０年大学入試改革の話題で必ず引用されるのは、マイケル・A・オズボーン氏（オックスフォード大学准教授）の「今後10～20年程度で、アメリカの総雇用者の約47％の仕事が自動化されるリスクが高い」と論じた論文とキャシー・デビッドソン氏（ニューヨーク市立大学大学院センター教授）の「２０１１年度にアメリカの小学校に入学した子どもたちの65％は、大学卒業時に今は存在していない職業に就くだろう」という予測です。

これまでＡＩ（人工知能）ロボットは簡単なルーティン的な作業しかできないとされてきましたが、最近のＡＩロボットの能力向上は、ＳＦ映画の世界に近づいています。ＡＩロボットが完全に人間の知性を手に入れることは難しいでしょうが、「知識・技能」「論理的に思考する力や判断する力、表現する力」はあと20年くらいで追いつくと予想されているわけです。

その過程で、私たちの多くの仕事がＡＩロボットの脅威にさらされるのです。オズボーン氏は、ビッグデータによって、医療診断や法律文書の分析や契約書の作成など弁護士の仕事の一部も代替するほどになるだろうと報告しています。

金融分野では、ＡＩロボットの方が予想は的確になるでしょう。そしてなんと学校現場でも、生徒が課題を勤勉にこなしているか、ディスカッションで論理的やり取りがどこまでできているか、などについてのビッグデータを収集分析できるようになります。

教師に代わってＡＩロボット講師が、個々の生徒の「知識・技能」「論理的な思考力・判断力・表現力」の評価までは行ってくれることになります。それゆえ、２０２０年大学入試問題も、いつから開始されるかはまだ決まっていませんが、ＡＩを活用したＣＢＴによる採点が見込まれているのでしょう。創造的思考を生徒と学ぶことができない知識注入型の教師は不要になるとまで言われています。

中央教育審議会や教育課程部会、産業競争力会議など、様々なワーキンググループでの議論をもとに文科省が提出する資料には、こう記述されています。

「厳しい時代を乗り越え、新たな価値を創造していくため、知識量だけでなく、『真の学ぶ力』が必要。多様な背景を持つ子供たち一人ひとりがそれぞれの夢や目標の実現に向けて努力した積み重ねをしっかりと受け止めて評価し、社会で花開かせる」

この「真の学ぶ力」は「自分軸」と置き換えることができるのではないでしょうか。

2015年の夏休みが終わって、始業式を迎えた日のことです。「楽しかった夏休みも終わり今日から学校生活が再び始まります。気持ちを入れ替えてきちんと学習や行事に取り組みましょう」と厳かに訓示を垂れても、校長挨拶は形式的に過ぎないと思われては生徒の時間を浪費することになります。そう思った私はPIL（Peer Instruction Lecture）を全員に行ってみようと思いました。

PILというのは2人ペアになって、一つの問いについて語り合うという学びの手法の一つです。そのときに投げかけたトリガークエスチョンは、①「2学期は何があるか？」、②「①で答えたことに自分がどう取り組もうと考えているのか？」。

1000人の生徒が一堂に会していましたから、収拾不能になるかと思いましたが、杞憂でした。知識の確認とそれについての自分の想いを語り合うこと。それが瞬間的に振返りという内省のときを開く。これが「自分軸」としての「真の学ぶ力」を育成する学びの方法であると確信が持てました。そして、この方法を体得しなければ、2020年大学入試問題で十分に思考力を発揮できないのです。

再び「赤い風船」について

そろそろ「キングス・クロス駅の写真」にもどりましょう。

我が校では、各教科の授業でこの問題に取り組みました。手法はアクティブ・ラーニングでグループワークのスタイルで行いました。「対話」と「議論」が中心です。

国語科では、各チームでこの写真から気づいたことをマインドマップにして描くことから始めました。互いに気づきが違うことを共有しながら、点としての違いをいっしょに作成しながらどのように結びついているのか議論はシフトしました。そこでは、木も見て森も見る思考過程が可視化されていきました。

美術の授業では、写真から見える現場に近寄って視線を下から上に向かってずらしていく疑似体験をするために、写真を幾つか切り分けて、それぞれの断片から何を感じるのか話し合っていきました。その場でよく見て、耳を澄まし、何が目の前にあるのか全身で感じる感性で情報を包んでいきました。

英語の授業では、写真とは違うパロディー化されたもう一つの写真を教師が独自に作成し、その写真と、いつものように「コンペア・コントラスト（比較・対照）」の視点で情報を整理していく話し合いが行われました。

写真を提示して、自分の考えたことや感じたことを論述させる問題自体は、従来から出題されている形式です。しかし、この問題を教科横断的に生徒と共に学ぶアクティブ・ラーニング型授業で展開するや、生徒一人ひとりの思考過程が可視化されます。

ここで、私はハタと気づきました。従来の思考過程とは、論述する過程を言っていたのですが、2020年大学入試問題は、論述にいたる以前に、頭の中で試行錯誤した思考過程も重視するということなのです。論述する文章にいたる思考の過程と論述を書いているときの思考の過程の両方が採点されるようになるのです。

今まで私たちは、生徒が書いた文章のみ添削し、その文章が生まれてくる過程をあまり重視してこなかったのかもしれません。そこにいたるまでに、どのような文献を調べてきたか、フィールドワーク、インタビューをしてきたか、何に興味をもち、新しい問いを立ち上げてきたかなど、その思考の過程にこそ一人ひとりの才能の芽があるはずなのです。2020年の大学入試改革は抜本的にパラダイム（価値意識）を転換するといってよいでしょう。

「赤い風船」をめぐる哲学対話

私は、放課後の学習支援の時間に学んでいる生徒と、ささやかですがソクラテスよろしく哲学対話を行っています。高校3年生との哲学対話で「キングス・クロス駅の写真」について語り合ってみました。

この写真の解釈は様々です。

紳士の心の内面の表象としてとらえる生徒、紳士を取り巻く社会的構造としてとらえる生徒、遠近法を逆にとらえ、進む方向が奥になるのではなく、手前になる構図でとらえる生徒など本当に多様です。なぜそうなったかというと、あらゆる思考の出発点である「差異」をめぐる捉え方が多様になるしかけがこの写真には埋め込まれているからだと私は思います。

「赤い風船」の存在がカギを握ります。それぞれの生徒が、この「赤い風船」と何を「コンペア・コントラスト」するのかによってまるで捉え方が変わるのです。

「赤い風船」と「紳士」という「差異」に気づいた生徒は、現代社会で大切なものを置き忘れてしまった人間の孤独を見出していました。

「赤い風船」の色と「背景」の色の「差異」を、母胎ととらえる生徒もいました。この絵全体から安心感を感じる。それは背景が母なる大地をイメージするピンクの色で滑らかだからであり、「赤い風船」は、母親に抱かれている子どもなのだと。感じ方は主観的ですが、その主観的な感じ方が生まれる論理的な思考が小論文としての妥当性を与えているのです。最近文部科学省が使い始めた「学習を通じた創造的思考」というものです。「赤い風船の浮いている状況」と「背景」の「差異」に注目した発想はこれまたおもしろかった。「赤い風船」は、先に進む道の速度を滞らせる誘惑のメタファーで、その誘惑を払いのけて道を先に進む人間の苦悩とその先の光の希望というストーリーを話してくれました。その生徒の6年間の自分の人生を重ねているかのようで、ドキッとしました。

もしこれが従来の小論文指導であれば、どの捉え方も正解につながるもので、あとはその捉え方を、うまくロジカルに文章を組み立てていけばよいのです。

生徒と対話していると、どこに「軸」をあてるかによって捉え方はまったく違うけれども、最適なレベルまで到達しているかどうかまでがわかります。というのも、その「軸」は、結局「自分軸」が反映しているからです。対話すると、この生徒は、いつの間にか社会学的な興味を「自分軸」としているなあとか、「心理学」的発想に影響を受けているなあとか、「リーダーシップ」についてある境地に達しているなあと感じるからです。そのような「自分軸」が凛としているときこそ思考力が最適な状況になっていると評価できます。

これまでの話は、アクティブ・ラーニング型授業や哲学対話が前提でした。２０２０年の実際の入試では、口頭試問の形式も増えますが、主流はペーパーテストの形式です。

ディスカッションやプレゼンテーションをしたり、ファシリテーターのアドバイスをもらったりできるわけではありません。ではどうして、このような学びが2020年大学入試問題では有効なのでしょうか。

クリティカルシンキングを駆使して、実際にこの「キングス・クロス駅の写真」の問題を解ききって、順天堂大学医学部に進学した卒業生に聞いたところ、次のように語ってくれました。

「このような問題を解くにはロジカルシンキングとクリティカルシンキングを駆使すればよいのです。簡単に言うと、《収集→展開→選別→まとめ→確認》の手順で考えていきます。まず最初は、収集から選別までです。写真の情報をすべて列挙します。目立っているものとそうでないもの、明暗や色調など、ここは得意の《コンペア・コントラスト》のスキルを使います。次にはその情報を展開していきます。ブレインストーミングやマインドマップで収集した情報につながるものを広げていくのです。そうしたら、そこから《コーズ・エフェクト（因果関係）》でつながるものを選択していきます。ここまできたら、やっと小論文としてまとめていけます。基本は、TOEFLなど4技能の英語テストで出題される小論文であるエッセイライティングの組み立てです。イントロ－ボディ－コンクルージョンですね。書いた後で、もう一度展開が不自然でないかどうか確認します」

この「発想のプロセス」が、解答という「思考」に結実したのを見て驚きました。その解答を再現してもらいました。

《私がこのキングス・クロス駅の写真を見て思ったのは、何事にも終わりがあり、その終わりまでたどり着く道は複数あるということだ。写真を見ると、仄暗い階段をライトが照らしており、地下鉄の駅の階段と思われる。これには必ず出口が存在し、地上へとつながっているはずである。これが私の感じた「終わり」である。また、右手前の手すりには赤い風船が結びつけられていて目を引くのに対し、左奥には地味な色の長いコートを着た男性が歩いている。さらに右側は比較的黒い部分も少なく、明るく見える一方、左側は黒みが多く見られ、暗い印象を受ける。そして、写真は階段を少し右寄りに写している。これらの構図は、地上の出口という終わりに向けて何かをしているようにも見える。

風船は天井のライトに照らされ、そして赤さから目立ってこそいるが、結びつけられているため出口に向かうことはできない。しかしながら、男の方は暗い側の階段を、少し首をかしげつつも着実に出口に向かって進んでいる。着ている服も暗色で目立ちはしないが、上に行こうとしている。もしこれらの描写を人生に見立てるとしたら、出口は未来で、風船は現在や過去にすがり進めずにいる人、男はそれらが過酷なものであったとしても進もうとしている人だと見てとることができるであろう。

未来に向かうということは死に向かっていくということである。誰しも避けられない死と言えど、そこにいたるまでの道のりは各々異なる。この風船のように、輝かしく明るい現在や過去だけを見つづけてそのまましぼむ、つまり死ぬのを待つのか。それを男のように、過去を背負い、現在に苦悩しつつも未来に進もうと何かをして歩み続けた結果として死という終わりを迎えるのか。この二つの生き方というのは大いに異なる。私は、どうせ生きているのならばその生を存分に活かし、たとえ苦しくとも何かを為しつつ生きて死という終わりを迎えたいと考えている。》

ディスカッション、そしてプレゼンテーションをするというアクティブ・ラーニング型の展開が、そのまま思考過程として内面化していたのです。しかも、多様な捉え方を考えたうえで、自分と他者にとって最適な捉え方は何かを「自分軸」で、クリティカルチェックができる状態になっています。改めて、２０２０年大学入試問題を解く思考力とはこれだという確信にいたりました。

第2章　東大、京大、慶大、早大、医学部の入試どうなる？

スーパーグローバル大学の独自入試

２０２０年大学入試改革は、大学も高校も講義や授業の方法を改革したり、問いの深さも通常次元の思考ＬＯＴ（Lower Order Thinking）から高次思考であるＨＯＴ（Higher Order Thinking）まで踏み込む教育の大転換ですから、そう簡単に実行できないだろうと否定的な意見もあります。しかし、一方で、個別の独自入試としての大学入試問題は先行して改革がどんどん行われてきています。特に4技能の英語力に関しては、外部の民間資格試験機関の活用を開始した大学の学部は40ぐらいあります。２０１６年に向けて東京大学や京都大学でさえ、推薦入試のようなスペシャル入試を開始しました。２０１７年には早稲田大学も、学部によっては新入試を実施する計画を立てていると言います。ＡＯ入試・推薦入試の割合を60％にするという話題は大学受験業界にインパクトを与えてさえいます。

慶應義塾大学は、すでにセンター試験を活用せず、未来型の独自入試を確立してきました。「高等学校基礎学力テスト」や「大学入学希望者学力評価テスト」などの制度的システムは、CBT（コンピュータベーステスティング）など技術的にハードルが高い目標を掲げていますから、徐々に構築されていくことになるでしょう。

今回の改革は、実は1984年に設置された臨時教育審議会で議論されていた事項です。当時の中曽根康弘首相肝いりの審議会で、「二十一世紀を展望した教育の在り方」、「初等中等教育の改革」、「高等教育の改革」など今回の方向性と同様のものが議論され検討されていたのです。

ただ、日本の経済はバブルに突入し、ジャパン・アズ・ナンバーワンを謳歌し、当時英国のサッチャー政権は、日本の繁栄を支える教育を高く評価し、日本に学んだほどでしたから、臨教審の改革がすぐには実行に移されませんでした。冷戦が終焉し、経済の空白が、日本だけでの問題ではなくなったリーマンショック以降の世界同時デフレ経済に突入するまで、常に大山鳴動してネズミ一匹という情況でした。

しかし、その世界同時デフレ経済を招いたグローバリゼーションは、格差問題をどんどん押し広めました。さらに2010年以降中国が日本のGDP規模を抜き去って以降、経済産業省と経済界が協力して、グローバル人材を育成するグローバル教育を大学及び高校で行うにはどうしたらよいか、リサーチに入りました。

文部科学省も当然同調し、国立教育政策研究所という同省のシンクタンクでリサーチに入りました。そして、前章で触れたように2030年には、現在の仕事の多くが、ICTやビッグデータ、AI（人工知能）ロボットによって新しい仕事にシフトする情況がはっきりしてきた時点で、文部科学省はようやく大きく動いたわけです。

私たち21会（21世紀型教育を創る会）の仲間たちは、そのような時代精神の声に常に耳を傾け、政府の教育改革や教育政策がどうあれ、グローバルスタンダードとは何か先行的に研究し、グローバルな自分軸を独自につくって学校改革を遂行してきました。おそらくモデルケースになるだろうぐらいの自負があるわけです。

文部科学省も同じような発想で、今度こそ改革を成就するために本格的な改革モデルを大学に要求しました。その呼びかけに応じて認定された大学が、スーパーグローバル大学（SGU）です。

文部科学省による「スーパーグローバル大学創成支援」事業が始まったのは2014年のことでした。世界レベルの教育研究を行うトップ大学や、先導的試行に挑戦し我が国の大学の国際化を牽引する大学など、徹底した国際化と改革を断行する大学を重点支援して、日本の高等教育の国際競争力を強化することを目的としました。

そしてタイプAとタイプB合わせて37大学をSGUに指定しました。タイプA（トップ型）とは、世界大学ランキングのトップ100を目指す大学です。タイプB（グローバル化牽引型）とは、これまでの取組実績を基に更に先導的試行に挑戦し、我が国の社会のグローバル化を牽引する大学です。肝心なのは予算です。タイプAはおよそ4億円が各大学に、タイプBはおよそ1億7000万円が支援されるということです。

ちなみに、タイプAの大学は、北海道大学、東北大学、筑波大学、東京大学、東京医科歯科大学、東京工業大学、名古屋大学、京都大学、大阪大学、広島大学、九州大学、慶應義塾大学、早稲田大学です。

タイプBの大学は、千葉大学、東京外国語大学、東京芸術大学、長岡技術科学大学、金沢大学、豊橋技術科学大学、京都工芸繊維大学、奈良先端科学技術大学院大学、岡山大学、熊本大学、国際教養大学、会津大学、国際基督教大学、芝浦工業大学、上智大学、東洋大学、法政大学、明治大学、立教大学、創価大学、国際大学、立命館大学、関西学院大学、立命館アジア太平洋大学です。

結局、従来から偏差値が高いとされている国公立大学早慶上智MARCHと呼ばれる難関大学とかなり重なっているので、2020年大学入試改革が行われようが挫折しようが、中学高校の現場にとっては、今までの進学指導で十分じゃないのかと思われても仕方がないのかもしれません。

しかし、国の税金が使われるわけですから、SGUは改革しないわけにはいきません。

改革するとやはり大学入試問題が変わります。そして、予算をもらっていない大学は、変わらなくてよいかというと、変わらなければ学生を獲得できなくなります。なぜなら、日本の18歳人口は減る一方ですから、学生数を満たすには、海外の大学のように多様性にシフトしなければなりません。

たとえば、留学生を30%くらい入学させる大学も出てくるでしょう。海外からの学生が増えれば価値観も多様だし、ディスカッションやプレゼンテーションの知的刺激を受けますから、学問の発達に期待もできます。

しかし、そうなるには、英語で講義ができること、ディスカッションを活用したアクティブ・ラーニングの環境が用意されていることなど、世界標準のソフトパワーは必須です。世界大学ランキングを気にするのも、留学生が選択するリストに入らなければ、そもそも留学生を受け入れることができないわけです。

だからSGUは、大学入試改革のモデルとして変わるわけです。このモデルを活用して、他の大学も変わらなければ、今でも学生獲得は困難になってきているのに、今後はもっと大変になるでしょう。

少しSGUの話が長くなりましたが、グローバルスタンダードを受け入れ世界大学ランキング入りしようと改革する大学は、当然独自入試問題も変わります。文科省が「学習を通じた創造的思考」や高校時代の学びの体験を重視して「主体性・多様性・協働性」の資質や能力を測れるテストや口頭試問をするように方針を示していますが、実際には、すでに海外の大学入学準備段階で出題される問題を研究し、すでに実験的に出題し始めているのが実情なのです。

SGUの改革に伴う2020年の大学入試問題

そうはいっても、「知識・技能」や論理的思考レベルまでの「思考力・判断力・表現力」の問題はなんとかなるでしょうが、創造的思考レベルの「思考力・判断力・表現力」や学びの体験や人物を重視する「主体性・多様性・協働性」の資質や能力を測る入試問題は作成できるのでしょうか?

結局、小論文と口頭試問という公募推薦やAO入試の延長上のテストにならざるを得ないのではないか、という疑問も当然多いでしょう。実はすでに「主体性・多様性・協働性」の資質や能力を測る入試問題が一部の大学で出題されているのは、第1章の「赤い風船」の問題でもわかります。一方で、そのことに気づいていない人が多いのも事実です。

前章で英国のAレベルテストの試験制度、IB(国際バカロレア)のディプロマなど、海外の大学入学準備教育の制度について触れてきたのは、この微妙ですが、何か新しさを感じる入試問題は、グローバルスタンダードに合わせた大学入試改革を先取りしていることを理解していただきたかったからです。

「大学入学希望者学力評価テスト」や各大学個別の独自入試のレベルは、論理的思考レベルまでの「思考力・判断力・表現力」の問題から創造的思考レベルの「思考力・判断力・表現力」や学びの体験や人物を重視する「主体性・多様性・協働性」の資質や能力までの範囲で出題されることが想定されています。これは英国のAレベルの試験制度、IBのディプロマに追いつくことでグローバルスタンダードを受け入れ、世界大学ランキングを高めることを目的としています。

この大学入試改革は、国内の生徒のための制度変更ですが、海外帰国生にとっては、すでにAレベルやIBのディプロマは現地校やインターナショナルスクールにおける日常的な学びの体験です。

ですから、いわゆる帰国生入試を行っている大学は、AレベルやIBのディプロマの学びを行ってきていることを前提として、大学入試問題を作成するのです。

一つ例をあげてみます。

2015年度の東京大学の文科I類で外国学校卒業生特別選考小論文問題として出題された問題です。

《弱気を助け強きをくじく（弱い者を救い、強い者の横暴を許さない）のが、本来、社会的な制度の基本たるべきである。だが、「現実の社会、そして現実の世界においては、そうなっていない場合があまりに多い」との主張があったとする。この主張について、理由となる複数の具体例を示しつつ、論評を加えなさい。》

やはり小論文の問題ではないかと反論される人もいるでしょう。しかし、形式は同じでも「問い」のレベルがまったく違います。今までの入試で出題されていた小論文の問題は、文章やグラフなど素材が提示され、まずは要約するなど、その素材の理解力を確認したうえで、その是非を問うものが主流でした。賛成か反対か立場を決めて、その理由を論述すれば十分だったわけです。つまり、「知識・技能」と少し論理的思考のレベルを問う問題です。

しかし、この東大文Iの問題は、まず要約という「知識・技能」を問う問題をすっ飛ばす設定で作成されています。そして現実と理想の乖離《かいり》の主張を支える根拠を、それに受験生が賛成か否かを問わず、説明させます。当然、ここには帰国生の海外での体験事例も含めて論述されることが期待されています。

学びの体験やどんな人物に育ってきたかが、評価できる問いの設定です。そして、その複数の根拠について、「論評」つまり批判的に思考し、代替案も提案するという創造的思考まで問う問題作成がされているのです。

同じく2015年度の東京大学の文科Ⅲ類の外国学校卒業生特別選考小論文問題では、こんな問題が出題されています。

《「多文化共生」は可能か。あなたの考えとどうしてそのように考えるのかを、あなた自身の経験、または具体的な事例をあげながら、述べなさい。》

問いの内容は文Ⅰの問題とは違いますが、問うている思考のレベルは、やはり創造的思考レベルの「思考力・判断力・表現力」から学びの体験や人物を重視する「主体性・多様性・協働性」の資質・能力までの範囲を想定しています。

2013年度の東大文Ⅰでは、こんな「問い」も出題されています。

《あなたの理解する日本の社会・文化の特徴を複数挙げたうえで、その特徴が生み出された土壌あるいは背景について分析しなさい。》

これも問いのレベル、あるいは問いの構造は先の2つの問いとまったく同じです。

東大だけではありません。2020年大学入試問題は、すでに前倒しで、国内生のための一般入試でも出題され始めています。2015年度の早稲田大学の創造理工学部建築学科の「空間表現」の問題は出色です。

《あなたがいままでに見たことがないほど大喜びしている人々の顔を、表情豊かに描きなさい。また、それらの人々が大喜びしている場所の空間が分かるような背景を、工夫して入れなさい。》

大喜びしている人々の顔に遭遇した経験がまず問われています。喜ぶという感情と表現を論理的にとらえかえしているかどうかも問われています。さらに、表情と感情だけがつながっているのではなく、場の空間デザインが影響していることもイメージできるか問われています。

絵を描くだけの問題ではなく、「学習を通じた創造的思考」を問う問題が出題されているのです。早稲田大学が、2020年大学入試改革を前倒ししている意欲が伝わってくる問題です。

また、『オックスフォード大学・ケンブリッジ大学の入試問題　あなたは自分を利口だと思いますか？』（ジョン・ファーンドン著、翻訳小田島恒志、小田島則子　河出書房新社）には、こんな問題も紹介されています。

《木を描くとします。その木は現実のものですか？》

《火星人に人間をどう説明しますか？》

これらはケンブリッジ大学の口頭試問の問題です。

《カタツムリには意識はあるでしょうか？》

こちらはオックスフォード大学の口頭試問です。

問いはシンプルですが、現実とは何か？　人間とは何か？　意識とは何か？　解答は一つではない本質的な問いです。のちほど詳しく説明しますが、クリティカル／クリエイティブシンキングの翼を大きく広げて、チャレンジする問題であることは言うまでもないでしょう。そして、ここまで紹介してきたようなタイプの問いが、２０２０年の大学入試問題として作成される流れになるし、今から実験的に各大学個別の独自入試で出題されていくでしょう。

私が、順天堂大学医学部の「キングス・クロス駅の写真」の問題で「赤い風船」が妙に気になってしまったのも、２０２０年の大学入試改革などについて研究してきた背景があったからなのです。

２０２０年の新学習指導要領ができる前から、創造的思考レベルの「思考力・判断力・表現力」及び学びの体験や人物を重視する「主体性・多様性・協働性」の資質や能力を問う問題がすでに出題されていたし、今後も先行して実験的に出題されていくことでしょう。

しつこいようですが、帰国生入試は、ＡレベルやＩＢなど海外の学校で体験してきたカリキュラムが前提になっていて、今挙げた例のような問題が出題されています。２０２０年の大学入試改革は、最終的にそこまで到達するかどうかの問題はさておき、ＡレベルやＩＢレベルに相当する新学習指導要領を前提にしますから、大学入試問題の問いのレベルや問いの構造は当然大きく変わるのです。

医学部の改革は先行していた

河合塾の「医進塾」のサイトを見ていると、「ある日の京大医学科生」というページがありました。

「医学科生は臨床実習に入る前に、2種類の共用試験（CBT・OSCE）を受験します。京大ではほぼ毎年、CBTがバレンタイン・デー、OSCEがホワイト・デーに別々に実施されています。」と記述されていて、医学科生は、世の中が恋に忙しい時期も命を救うために日夜勉強しているのだという熱い思いが伝わってきます。それはともかく、私が気になったのは、「2種類の共用試験（CBT・OSCE）」という記述です。

知人に聞いてみると、臨床実習に進む前の「仮免許」のような制度だというのです。もともと、英国で開発され、欧米で普及した制度で、日本では2005年から正式に導入されたようです。この2種類の共用試験をマネジメントしている「公益社団法人 医療系大学間共用試験実施評価機構」によると、臨床実習開始前までに修得しておくべき必要不可欠な医学的知識を総合的に理解しているかどうかを評価する試験で、もちろんCBTです。

2020年大学入試改革で重要なポイントの一つであるCBTのシステムは医学部入学

後の共用試験ですでに実施されているのです。

　また、CBTの試験問題はモデル・コア・カリキュラムの項目と内容に準拠していますす。このカリキュラムは、文部科学省と厚生労働省、大学が協力して作成しているもので、医学生が卒業までに最低限履修すべき教育内容が取りまとめられています。これに拠って医学的知識を総合的に理解しているかどうかを評価するのですから、これも新学習指導要領に準拠した「知識・技能」を評価する「高等学校基礎学力テスト」の発想に重なります。

　さらに「CBTは、コンピューターを用いて問題プールから受験生ごとに異なる問題がランダムに出題されます。ランダムに出題されても受験生ごとの平均難易度に差がないように調整されます。平均難易度については、既に受験生ごとの出題問題セット間の差が極めて小さいことが明らかとなっており、さらに出題問題の組合せ段階で難易度に差がないよう調整される。また、統計処理法（IRT＝項目反応理論 Item response theory）に基づいて難易度の検討を行い、不公平がないように調整されます。」と説明されています。

　2020年大学入試改革においてもIRTを活用するということになっていますが、これもすでに医学部の共用試験で実施されていたのですから、ますますこの先行事例が2020年大学入試改革が実行可能であることの根拠になっていることは間違いないでしょう。

そして、「大学入学希望者学力評価テスト」が、共用試験のもう一つのテストＯＳＣＥと重なるというのは推測に難くありません。

この試験の概要についても、「公益社団法人 医療系大学間共用試験実施評価機構」の説明を、少し長いですが、引用しましょう。

「従来のわが国の医学・歯学教育の内容は知識の習得などの認知領域に偏っており、医師・歯科医師として患者さんに接する能力すなわち、医療面接（インタビュー）や身体診察などの基本的な臨床技能の教育が不十分であることが問題となっていました。

一方、欧米諸国とくに北米の医学教育では、学生が医療チームの一員として診療に参加する形の診療参加型実習 Clinical Clerkship が主体となっており、そのために医師・歯科医師としてとるべき対応や姿勢など基本的臨床技能習得の訓練と評価がシステム化されて行われています。

医師・歯科医師の資格は、先ず一般診療が基本です。どのような初診の患者さんに対しても責任をもって対応しなければなりません。医学生・歯学生が診療参加型臨床実習に参画する場合も当然、一般診療に関する基本的臨床能力を備えていることが必要です。この評価を行うのが客観的臨床能力試験 Objective Structured Clinical Examination OSCE（オスキー）です。」

学びの体験や人物を重視する「主体性・多様性・協働性」の資質・能力を評価する「大学入学希望者学力評価テスト」と見事に重なります。専門的な知識は言うまでもなく違いますが、「従来のわが国の医学・歯学教育の内容は知識の習得などの認知領域に偏っており、医師・歯科医師として患者さんに接する能力すなわち、医療面接（インタビュー）や身体診察などの基本的な臨床技能の教育が不十分であることが問題となって」いたという発想は、今回の大学入試改革の発想と同質であることは間違いないでしょう。

上智大学、立教大学他の入試で始まる英語改革

前項で大学入試問題の実験的な前倒しが起きているという話をしましたが、それよりも今回の改革に先行して改革が起きているのは、英語革命です。グローバル人材を育成するための学習指導要領改訂作業やその新学習指導要領を前提とした大学入試改革を実行するのは、一朝一夕ではありません。

ところが、英語の方は民間の資格・検定試験が充実していて、それを活用すれば一気呵成に英語教育の改革は進みます。

グローバル化の進展の中で、国際共通語である英語力の向上が今では当たり前に求めら

れるようになってしまったその経緯は、歴史的に非常に興味があります。が、いったんここではそれを受け入れざるを得ません。2020年東京オリンピック・パラリンピックを待たずして、生徒の生活は日本にいても海外にいてもグローバルな環境になってしまったのですから、その環境で生き抜くには、今までの受験英語でよいはずがないのは言うまでもないからです。

このグローバルな舞台で、生徒が英語を使うとき、筆談をするわけにはいかないのですから、英文を読めて書けるだけでは、生活に支障をきたします。「聞く」「読む」「話す」「書く」の4技能を積極的に使えるようになる英語力を持った人材を育てることは、私たち教育者の重要な役割です。

私も我が校のケンブリッジ大学研修の引率者として英国にたびたび訪れますが、そのたびに私の6代前の先祖で幕末の薩摩藩士のときに英国に密出国した中村博愛《ひろなり》のことを想い起こします。やはり幕末に長州藩から派遣されてヨーロッパに秘密留学した、井上聞多(井上馨《かおる》)、遠藤謹助、山尾庸三、伊藤俊輔(伊藤博文)、野村弥吉(井上勝)ら長州ファイブと英国で出会い、協働して新たな近代日本を創り出す活躍をしたことに想いを馳せるのです。私自身も小学校の頃ニューヨークで育った帰国生ですから、ますます4技能の英語力が重要であることは論理以前に身体に染みついているのかもしれません。

２０１４年、文部科学省は「英語力評価及び入学者選抜における英語の資格・検定試験の活用促進に関する連絡協議会」を発足し、４技能にわたる英語力を適正に測定するテストの開発、学校の授業や大学入学者選抜等における活用を促進することになりました。

民間の資格・検定試験と言えば、ＴＯＥＦＬやＩＥＬＴＳ、ケンブリッジ英検ですが、上智大学は日本英語検定協会と共に４技能を評価するＴＥＡＰ（Test of English for Academic Purposes）を開発しました。文部科学省は、「大学入学希望者学力評価テスト」で独自の４技能の問題を作成すべきか、民間の資格・検定試験に全面的にゆだねるべきか検討に入っていますが、上智大学などは、すでにＴＥＡＰ試験をスタートしました。ＴＥＡＰで一定の能力を証明できれば、英語の試験は受けなくてよいのです。この動きは、加速するでしょう。上智大学に加えて、立教大学、関西大学、立命館アジア太平洋大学、中央大学、青山学院大学、東京理科大学、神田外語大学などでＴＥＡＰ採用を決定しています。

特に立教大学は、２０１６年度一般入試に、英語資格・検定試験（４技能）を活用した一般入試「グローバル方式」を全学部で導入するということです。立教大学は「学生全員の海外経験」や「英語による専門科目の履修」に対応できる、英語運用能力の高い学生を積極的に受け入れることを目的とした入試制度改革であると説明しています。ＳＧＵとしてのミッションを果たす強い意志が伝わってきます。

実は4技能を鍛えて、大学時代に海外留学経験をというのは、文部科学省や経済産業省がグローバル大学のモデルの例として認定した秋田県立国際教養大学に端を発しますが、今では大学の学生全員とはいかなくても、国際関係の学部の生徒であれば、そういう環境が整ってきていることも確かです。

ケンブリッジの授業にあって、日本の教育が後回しにしているもの

私は、2020年大学入試改革は時代の歴史的必然であると確信しています。この確信を得られたのは、メディアや教育関連のシンクタンクの発信する情報を追っていって見えてきた部分もありますが、やはり生徒と哲学対話を続けてきたからだと思います。そこで生徒がどう感じるのか、どんな活動をするのか、何を考えるのか、いっしょに生徒と対話する中で、モヤ感だったのが、ある時霧がパッと晴れたような感じで確信がやってきます。

今回の確信もやはり生徒との対話から霧の向こうに閃光が見えたように訪れました。かえつ有明は、帰国生もたくさんいて、その教育は対話や議論に満ちているアクティブ・ラーニング型授業です。

ですから、新高校1年生とケンブリッジ大学で行ったオリエンテーションから帰国後、

あるいは3ヵ月や1年間の留学から生徒が帰国したときに、海外の学校での授業とかえつ有明の授業の違いについて生徒と対話するのが楽しみでしかたがないのです。

「先生、かえつ有明の授業もなかなかやるなあと感じましたよ。向こうの授業も対話やディスカッションでいっぱいでしたが、かえつの授業を体験していたから戸惑いませんでしたよ」という回答してくれるのかと期待しているのです。

しかし、そうは問屋がおろさない。彼らは、「スタイルは似ているところもありましたが、かえつ有明では、まだまだ先生から質問されない限りあまり発言しないですね。向こうの学校は、皆とても活発に発言します。しかも完璧に意見がまとまっていなくても気にしない。もし英語がわからなければ、騒いでいるのではないかと勘違いするかもしれません」と素直に語ってくれます。

海外研修で生徒が最初は臆して英語を話せなかったのが、1週間もたたないうちに活発に自分の気持ちや考えを一生懸命に話している姿を見て、ああ成長したなあと心ひそかに喜ぶのですが、「その程度ではまだまだですよ、校長先生」と生徒に背中を押されます。そうだもっとがんばらなければと思い、で、どうしたらよいのだろうと対話を続けます。

すると、「海外の学校の体験では、先生に相談することが大切だと思います。雰囲気を活性化するためにどうしたらよいかということを話し合うことは、留学先の友人たちは当たり前のようにやっていました。ああ、日本では生徒が先生に自分をアピールするということはあまりないなあと感じましたから、まずはそこからやりますよ」と。

これだと思います。私たちは、まず「知識・技能」を定着させて、次に「思考力・判断力・表現力」を育てる。そうした準備をしてからようやく「主体性・多様性・協働性」を確実なものにするという直線的な手順をたどる教育をしがちです。

これだと、結局「知識・技能」の定着で終わってしまう。定着というとわかりやすいけれど、生涯かけても完璧ということはない作業なのに、完璧に仕上げたいという教育のトラップに陥りがちなのも私たち教師の職業の特徴です。

そこを生徒に、全部一遍にやりましょうよと諭されたような気がしました。そして、ここにこそ、教育の変革をせざるを得ない本当の理由があると確信したのです。

「問い」の改革にこそ本質がある

2020年大学入試改革もその変革の一つの動きです。大切な改革ですが、あくまで「変革の一つの動き」なのです。本当は、私たち教師が、生徒と創造的対話を続ける問いを常に考え抜く発想のトレーニングこそが必要なのです。私は自分の哲学対話は、互いに創造的思考をする機会を生み出す場であると感じています。

この創造的思考をする場を生み出すのは、いかにしたら可能なのか？

海外研修や留学から帰国した生徒、帰国生との対話にたくさんヒントがありました。学内にもっと海外の環境に近い、もしかしたら超える環境を創ろうとすることです。また、海外のネットワークを学校同士、教師同士、生徒同士が結べる良質な機会を創ることです。

この一私立学校で変えようという決断は、しかし日本の教育全体にも重なります。文部科学省は2008年に、すでに「留学生30万人計画」を立てました。2020年が目標だというのですから、当時から「2020年」には意味があったのです。

その当時、英国のシンクタンクが、2020年には世界の留学生が6000万人に達するとレポートしていたのを憶えています。そのうちの5％をシェアしようということだったと思いますが、すでに米国は80万人を超えているということですから、13％を超えるシェアになります。もしかしたら、2020年大学入試改革の大きな一つの柱であるグローバル教育やその延長上にあるスーパーグローバル大学の動きは、「留学生80万人計画」を日本でも狙っているかもしれません。

そこで私は、今帰国生と留学生合わせて30％シェアになるように奔走しています。アクティブ・ラーニングや英語教育の充実、欧米トップ校で実践しているクリティカル／クリエイティブシンキングのスキルトレーニングの充実は、だから当然という想いなのです。

しかし、忘れてならないことは、そのときに深くてよい「問い」を立てられるかです。

ですから、私は大学入試問題にこだわっているのです。大学入試問題は問いの集積です。

すでに述べましたが、帰国生入試や医学部の小論文問題は、２０２０年大学入試問題を先取りした問題が特に多く作成されています。

東京大学の外国学校卒業生特別選考小論文

そこで、２０１３年度の東京大学の外国学校卒業生特別選考小論文で、２０２０年大学入試問題を考えてみましょう。我が校では、放課後学習支援の時間を設定していますが、教師と大学生チューターで運営しています。チューターは卒業生が多いですが、彼らの紹介で採用しているチューターの中に、ちょうどオーストラリアの現地校で学んで、２０１３年に東京大学を帰国生枠で受験して合格したチューターがいます。彼女が受験したときにこんな問題が出題されました。

《今日の社会状況は、しばしば「グローバリゼーション」の進展という観点から議論される。この「グローバリゼーション」に関して、以下の二つの問いに答えなさい。

1　種子島へのポルトガル船の漂着にもつながった大航海時代も、あるいはイギリス産業革命が起点となって市場経済の波が世界各地に及び、アヘン戦争や黒船来航（幕末開港）をもたらした時代も、ある意味では「グローバリゼーション」が進展した時代だと考えられる。今日の「グローバリゼーション」と、それらの時代の「グローバリゼーション」との間には、どのような共通点や相違点があるのであろうか。考えるところを述べなさい。ただし、今日と対比する時代は上記二つの時代のうちどちらかひとつでも良い。

2　今日の「グローバリゼーション」は、あなたの生まれた国（あるいは暮らした国）と日本ではその意味や性質が同じなのであろうか、それとも異なるのであろうか。考えるところを述べなさい。》

チューターに、この問題をどのように考えて解いていくのか、例によって哲学対話しました。大航海時代、宗教改革、産業革命、市民革命の歴史について、リベラリズムの立場、リバタリアニズムの立場、コミュニタリアニズムの立場で、すでに授業の中で議論してきたので、特に相違点に注目しながら比較して、マインドマップなどで整理しながら思考し、あとは小論文の「序論－本論－結論」の枠に収まるエッセイライティングの方法で書けばよいということでした。

歴史については、ある程度知識は憶えるけれど、5つの89年を見通す歴史観が大切だということです。

5つの89年とは、1688～89年がイギリスの名誉革命で、そのおよそ100年後の1789年がフランス革命、さらに100年後の1889年が、明治憲法が成立して、日本が近代国家に仲間入りする重要な年、そこから100年後は1989年でベルリンの壁が崩壊した現代世界の転換地点。そこから100年後の2089年は、未来の話ですが、自分自身の歴史観に基づいて予想しておくと、議論するときに、役に立ったというのです。

従来の世界史の入試問題は、どうしても近現代は手薄になってきたけれど、これからは近現代を重視すると言われているのは、やはり海外の学校の歴史の学び方に影響されているのだというのを実感しました。

そして、そのチューターは、当時書いた自分の小論文を再現してくれました。知識偏重の従来の日本の教育では、たしかに歯が立たない能力です。2020年大学入試改革待ったなしの意味がはっきりわかります。

《今日の「グローバリゼーション」と大航海時代における「グローバリゼーション」では、どのような共通点や相違点があるのだろうか。

まず、共通点として、どちらも自国の富を増やすことが「グローバリゼーション」の目的であるという点が挙げられる。つまり、他国や他の社会の土地、資源、労働力などを求めて「グローバリゼーション」を進めるのだ。よって、その目的の大部分は、他国を助けたいなどというものではなく、利己的なものが多いと考える。

次に、相違点として、以下の３つが挙げられる。

１つ目の相違点は、交渉が前提となっているかどうかだ。現代における「グローバリゼーション」では交渉が前提となっている。国同士の間に国力の差が存在し、それが交渉の有利・不利に影響を及ぼすことはあるが、それでも取引の際には話し合いや議論が行われる。対照的に、大航海時代における「グローバリゼーション」では交渉が前提となっていない。国力の差が明確だった場合、より強い方が強行手段に出て、戦争をしかけ富をうばおうとする。

２つ目の相違点は、富の交換方法だ。大航海時代における「グローバリゼーション」では、富の交換はその富そのものによって行われた。たとえば、一方の国は食料を与え、もう一方の国はめずらしい動物を与える、というふうにだ。しかし現代における「グローバリゼーション」では、それぞれの国がそれぞれの通貨を持っており、その通貨同士の価値が比較されるようになった。よって、交換は物品交換ではなく、通貨を通して行われる。

3つ目の相違点は、人々の価値観、考え方、行動様式などの文化の取り入れが、「グローバリゼーション」の目的になっているかどうかだ。現代でいう「グローバリゼーション」では、これらを取り入れる対象としてみなす。これらを受け入れ、自国のそれと比較したりすることで、社会に多様性が生まれるからだ。対照的に大航海時代でいう「グローバリゼーション」は、これらをその活動の目的とはしていなかった。この時代でいう「グローバリゼーション」の目的は物質的な富であった。文化を取り入れると言ってもそれは食文化などの、物質的なものであったのだ。

このように、大航海時代と今日の「グローバリゼーション」では共通点・相違点がいくつか存在する。その上、今日の「グローバリゼーション」では、国によってその意味・性質が異なってくることもある。私が昔住んでいたオーストラリアと日本を、これらの点において比較してみたい。

まず、「グローバリゼーション」の意味として、両国ともそれを「他国の文化や市場を取り入れ、多様な社会をつくること」ととらえているという点では共通する。しかし、オーストラリア人は「グローバリゼーション」の中に、「自分が自由に他国の文化・市場に参加し、活動することができるようになる」という意味が含まれていると考えている。これに対して、日本では、大きく経済活動を展開する企業などを除いて、一般の人々はこのような意味が「グローバリゼーション」に含まれているとは考えていないように思える。

次に「グローバリゼーション」の性質として、オーストラリア人はそれを肯定的にとらえている。たとえば、学校には多くの人種の生徒がいるが、人々はそのことが当たり前だと考えている。オーストラリアの社会が彼らを広く受け入れようと、開けた社会をつくっているからだ。経済の面では、オーストラリアはTPPに参加しており、他国の文化・商品が入ってくるよう積極的に活動している。これに対して日本は、異質なものが自分たちの生活の中に入ってくるのをこばむ日本人の性質からか、「グローバリゼーション」を否定的にとらえる傾向があると思う。たとえば、学校では教室に外国人の生徒が一人いるだけでめずらしく、注目される。また経済の面でも、TPP参加に関して、「何が起こるかわからないから」というあいまいな理由で参加をこばんだりする人々がいる。》

そして、この答案には、自分の体験を通して、はっきりと「自分軸」が表現されています。「思考力・判断力・表現力」「主体性・多様性・協働性」が、「多様性に対する寛容な精神」と「自由な精神」を統合している「自分軸」にしっかり支えられて答案に反映していることが伝わってきます。２０２０年大学入試問題は、帰国生のみならず一般生に対しても、このような人材を発掘するテストになるのです。

慶應義塾大学医学部の入試問題の先進性

我が校の卒業生の中には慶應義塾大学医学部を受験して合格する生徒も出るようになりました。ですから、彼らがどのような入試にチャレンジするのか対策を練るのですが、たとえば、次の２００８年度の小論文の問題などは、日本で最初にＡＯ入試に取り組んだ先進的な大学の面目躍如たる問題です。

《親友と最近連絡が取れません。どうやら、親友はひどく落ち込んでいるようです。何度か連絡を試みた結果、ようやく明日親友と会って話すことになりました。そこでは、どのようなやりとりが２人の間で繰り広げられるでしょう。２人のやりとりを対話形式で解答用紙のＡ欄に、そしてそのやりとりの中であなたが意図したことをＢ欄に述べなさい。》

AとBの2つの問いが出題されていますが、考える順番は、Bからでしょう。親友が落ち込んでいる理由を、イメージします。勉強の悩みなのか友情や恋の悩みなのか、家族の問題なのか、病気の悩みなのかイメージは広がります。その悩みの根本的な理由をそれぞれのケースを比較して考えていきます。

すると、「死」に直面している親友の姿を想定するのが、医学生にとって重大な問題として目の前に大きく現れてきます。「医は仁術なり」をどう受けとめるか「自分軸」にしたがって思考することができる地平が見えてきます。もちろん、何を選択するのかには正解はありません。

結局は、どの悩みを選択しようと、親友の話に耳を傾ける姿勢は共通です。しかし、どこまで受けとめても、受けきれない大きな問題のときにどうするのかという人間の存在そのものの重要性に挑む姿勢を考える問題を選択した場合、医学生としての使命を深く考えていく道が拓けます。そして、自分が何ができるのかという謙虚な境地が拓かれます。

そこまでいけば、次はAの対話のストーリーを編集する段になります。ここからは創造的思考力がものを言います。

こうして振り返ると、2020年大学入試問題が、「思考力・判断力・表現力」「主体性・多様性・協働性」を求める問題になることを、先取りしていることがわかります。

しかも、慶應義塾大学の医学部の小論文は2次試験です。理科・数学・英語の1次試験に合格した受験生が2次試験に進むのです。

これはあたかも、2020年大学入試改革における「大学入学希望者学力評価テスト」を受けた後に、「各大学個別の独自入試」を受けるのを見通しているかのような入試ではありませんか。そして、このような問題に立ち向かう力を学び身につけるには、議論や対話を導入するアクティブ・ラーニング型授業や哲学対話が有効なのは明らかです。

第3章　モヤ感とクラウド感

2020年の大学入試のためにどんなスキルが必要か

これまで、2020年の大学入試問題が創造的思考力まで求めてくるようになり、その思考力を身につけるために、アクティブ・ラーニングを行うように学習指導要領が変わると話してきました。本章から、この創造的思考力を身につけていくにはどのように学べばよいのかについて、考えたいと思います。私が研究、実践しているアクティブ・ラーニングとは何か？　創造的思考力を要する正解が一つではない新大学入試問題をどのように考えていくかについて試行錯誤していきます。

「かえつ有明」では、アクティブ・ラーニングを行う授業を中学では「サイエンス科」、高校では「プロジェクト科」と名づけ、それぞれ週100分と、週200分行っています。以下、まずは私の実践している授業を説明しながら2020年の大学入試問題のための学び方を考察していきたいと思います。

まず「サイエンス科」でのアクティブ・ラーニングについて、2020年の大学入試に出そうな予想問題を解きながら説明しましょう。予想問題といっても、以下のものは2014年の英国のAレベルテストを参考にしています。前章で論じましたが、欧米の創造的思考力を問う問題を参考にして「大学入学希望者学力評価テスト」や「各大学個別の入試問題」はつくられますから、ちょうどいいと思います。

ではAレベルの「環境科」という科目の問題を参考に予想問題を出してみます。

《問題　夜晴れていると地面が冷えるため、そこに接した空気は冷やされる。そのため、地面からある高さまでは上空に行くほど気温が高くなり、通常の温度分布とは逆になる。この現象を温度逆転層と呼ぶ。次の5つの問いに答えなさい。》

《問1　温度逆転層の現象を表すグラフを書きなさい。ただし、グラフは縦軸が標高で横軸が気温です。》

このような問題は、「サイエンス科」の特色を表す典型的な問いです。理科の実験やデータの収集分析を行う授業ではなく、科学的なものの見方を直接トレーニングする授業だからです。

この問いは、データは与えられていませんから、ポイントは、標高が変わることによって、いつも住んでいる場所との気温の関係は相違することがわかるグラフができればよいのです。「サイエンス科」では、相違する関係を見出す「思考のスキル」を「コンペア・コントラスト」と呼んでいます。「比較・対照」と表現すればよいのですが、これまで、学習指導要領では「目的に応じて必要な情報を見つけ出して文章や図表等の情報と統合し、比較したり関連づけたりする力」という資質・能力とされてきました。

しかし、この能力はどうやって身につくのでしょう。実はそのトレーニングは今までは行われてこなかったのです。文章や情報を提示して、比較しなさいと問われ、解答できたら、「比較する資質・能力」があると評価されてきました。

しかし、英国のAレベルのテストのように、データも提示されずに、ただグラフを完成させなさいと問われた場合、日本では「比較する資質・能力」があると評価された生徒も戸惑います。では、なぜ英国の生徒は、このような問いの形式に慣れているのでしょう。それは、「比較する能力」を「比較するスキル」として意識的にトレーニングされているからです。未知の事態に遭遇したら、比較できるものを素早く見つけだし、相違点と共通点を見出すことによって、その事態が何か理解していくのです。能力があっても、実際に使えるスキルになっていなければ役に立ちません。

グローバル教育というのは、能力を身につけるために、思考のスキルトレーニングを徹底して行います。したがって、資質能力と区別するために、「コンペア・コントラスト」のスキルと表現しています。

「サイエンス科」は、自然環境の問題や社会の問題、人間存在の問題などのテーマはあくまで素材で、思考のスキルそのものがテーマになっています。

《問2　温度逆転層の現象を簡単に説明しなさい。》

《問3　温度逆転層ができる要因を説明しなさい。》

問2は、「サイエンス科」では「ファクト・オピニオン」のスキルで解くことになります。

「事実と意見を使い分ける資質能力」を身につけるためのスキルであることを示すためにカタカナ表記にしています。

問3は、なぜ起きるのか「原因と結果を関連付ける資質・能力」が必要ですから、その能力を身につける「コーズ・エフェクト（因果関係）」のスキルで解きます。

「サイエンス科」では、今日は「ファクト・オピニオン」のスキルをトレーニングするとか「コーズ・エフェクト」のスキルをトレーニングするとか決めます。

そして、この「ファクト・オピニオン」「コンペア・コントラスト」「コーズ・エフェクト」が複雑になってくると整理をしなければなりません。つまり「分類する資質・能力」ですが、これも「カテゴライズ」のスキルと呼んでいます。

4つのスキルを組み合わせると論理的思考になりますが、果たして論理的に組み立てられているかどうかをチェックするスキルを「クリティカルシンキング」と呼んでいます。「論理的思考力と批判的思考力という資質・能力」を身につけるスキルとしてカタカナで表記しています。もちろん、カタカナ表記はオリジナルではなく欧米の教育を参考にしています。

《問4　煤煙と光化学スモッグの違いについて説明しなさい。》

ここでも「コンペア・コントラスト」のスキルで解きますが、「サイエンス科」では、教科横断型でスキルトレーニングをしています。

ですから、生徒たちは、問1から問3までは、自然現象としての原理の理解だが、問4

は、その自然現象と環境問題を引き起こしている社会現象を関連付ける「コンペア・コントラスト」のスキルを発動する準備の問いだとすぐに気づきます。

そして最後の問いですが、予想通りの問題が出題されます。

《問5　どのような第二の燃料を使えば、どのように大気汚染を回避できるのか。》

この問題は、まだすでにある燃料で考えますから、4つのスキルとクリティカルシンキングで十分ですが、新しい燃料を考案しなさいとなれば創造的思考力を必要とするでしょう。この創造的思考力を身につける思考スキルを、「クリティカル／クリエイティブシンキング」と呼んでいます。

中学校3年間では、この4つのスキルと「クリティカル／クリエイティブシンキング」のスキルをトレーニングする授業を展開していますが、その授業を「サイエンス科」と呼んでいるのです。

高校になると、今度はそのスキルを活用して、いよいよ自然の問題、社会の問題、人間の問題という大きなテーマ学習になります。いずれも未完の問題ですから、その問題解決はまさに「クリティカル／クリエイティブシンキング」のスキルが必要になります。この最終的なスキルをトレーニングする授業を「プロジェクト科」と位置付けています。

そして、この「クリティカル／クリエイティブシンキング」によって、今まで教師から与えられがちだった「問い」も、本格的に自ら課すようになります。「これでよいのだろうか？　根拠はなんだろう？　解決するにはどうしたらよいのか？」この問いが生徒一人ひとりに生まれる学びこそ、「プロジェクト科」の醍醐味なのです。その結果、将来、AI（人工知能）が人間の基礎知識業務を奪っていく中でも世界で活躍できる一人ひとりの「創造力」を養えるのです。

「サイエンス科」も「プロジェクト科」も、自ら調べ、互いに対話・議論し、レポートを編集し、プレゼンテーションをするという授業展開は共通しています。ただし、「サイエンス科」の場合は、スキルをトレーニングするチームはまだグループワーク段階ですが、「プロジェクト科」は、テーマを掘り下げ未知の問題を協働して解決するという意味で「プロジェクトチーム」で活動することになります。

この違いは、もちろん、生徒の成長段階及び「自分軸」の発達を促す編成になっていますから、「サイエンス科」「プロジェクト科」を通して、スキルのみならず、「チームワーク」と「信頼」づくりができ、「創造的自信」「モチベーション」が内側から生まれてきます。

２０２０年の大学入試問題に対応できるアクティブ・ラーニングとしての「サイエンス科」「プロジェクト科」は「思考スキル」と教科横断型の関連付けと協働的活動が複雑な有機結合をしています。簡単には図式化できないディープな学習組織ですが、受験生を待ち受けている２０２０年大学入試問題を突破するための最適な学びの形なのです。

知識をスイッチにして思索にふける

２０２０年大学入試改革は、１点刻みで「知識」の多寡やいちはやく「知識」を引き出せる力を測るテストからの脱却だとかよく言われます。一方で、そうは言っても基本的な「知識」が定着していなければ、「思考力・判断力・表現力」など十分に力を発揮できないのではないかとも相変わらず言われます。

「知識」ではなく「思考」が優先するのであるか？　まずは「知識」が「思考」に優先するのであるか？　さあどちらでしょうか？

実は、この「知識」か「思考」かという発想それ自体が、従来の入試制度の枠組み内にある問いの設定です。ですから、この問いの設定自体から抜け出すことが２０２０年大学入試改革の出発点だと考えた方がよいのです。

じゃあどう考えるのか、どう問いを設定するのかということですが、かのアインシュタインは「イマジネーションは知識より大切だ」と言っています。

大江健三郎さんは東大へ一浪して進学しているのですが、現役で受験したとき不合格だった理由としてこんなことを言っているのです。

「アレキサンダー大王の問題に遭遇したとき、その歴史の壮大な躍動のシーンが一気に想像の世界に広がり、気づいたら問題を解かずに終わっていた。それで次の年は、想像を封印し立ち臨んだら合格したのです」

あまりに印象的だったので記憶しています。ここに2020年大学入試改革のヒントがあるのではないでしょうか。

大江健三郎さんだったからよかったものの、もしかしたら従来の大学入試では、大江健三郎さんのような才能者を多く採り損なっていた可能性があります。

自然科学系のノーベル賞受賞者は東京大学より京都大学の方が多く、今では地方の大学からも多く輩出されるようになったのは、アインシュタインと大江健三郎さんの例からもわかるような気がします。

結局アインシュタインも大江健三郎さんも、膨大な知識を持っていたでしょうし、それ以上に思考が先鋭的だったわけですから、知識も思考もどちらも大切なわけです。

ただ、何よりも「想像力」がまずは大切だということではないでしょうか。私は、「知識」「思考」「判断」「表現」など一連の２０２０年大学入試改革キーワードは、一つひとつ「点」で見ていくのではなく、「線や面」で考えるというのが、学びの改革の肝だと思っています。

「知識」か「思考」かではなく、その「関係」が大切だということでしょう。私の仲間が集う21会（21世紀型教育を創る会）では、「要素還元主義」から「関係総体主義」へなどと語っているのですが、要は「点」ではなく「線や面の関係」でということです。

そんなことを考えているうちに、ふと「思索」という言葉が思い浮かんできました。この言葉はいい感じです。「思索」というからには論理的に考えるわけですが、「思索にふける」という言い方があります。この雰囲気はどうも「論理的思考」以上の何らかの雰囲気を感じ取っている表現ではないかと思うのです。

ある日、社会科の「信長の時代」の授業を見学していたら、「天守閣」という知識が出てきていました。生徒の中に「天主閣」と書いている生徒がいたのですが、てっきりそれは漢字が違うよと指摘するので終わるのかと思っていたら、そうはなりません。よいところに気づいたじゃないか、「天守閣」なのか「天主閣」なのかペアで話し合ってよと授業が展開していきました。

かえつ有明では、ＰＩＬ（Peer Instruction Lecture）と呼んでいる「教え合う」という意味でのアクティブ・ラーニングの手法の一つです。

「天守閣」という「知識」から、大江健三郎さんのように信長時代の壮大な歴史パノラマのイマジネーションが広がっている状態です。生徒の脳がアクティブブレインになっています。何が正解というわけではないでしょうが、それぞれ「思索」にふけっています。

信長と本願寺との戦い、信長とキリスト教の宣教師との出会い、安土城下の町並みなど互いに話しながら「想像力」が膨らみます。信長は自ら神になろうとしたとも言われているから、もしかしたら、最初は「天主閣」だったかもしれないという「思索」にふける授業になっているのです。

このとき、随分と「知識」が動員されているではないですか。自分一人では引き出せなかった「知識」も教え合いというアクティブ・ラーニングで、たくさんの「知識」が出てきます。それをどう「関係」づけるか、思索がはじまります。

そして、その段階では、とりあえず「天守閣」か「天主閣」かはどこかに行ってしまい、信長の時代をどうとらえていくのか歴史観みたいなものがもくもく湧いてきます。このまだはっきりはしないけれど、自分軸をつくっていく「歴史観」みたいなものが「モヤ」っとしてくることが「思索にふける」ことだと思います。そしてそのきっかけは、一つの「知識」からなのです。「知識」は「思索にふける」状態をつくる「スイッチ」みたいなものです。

モヤ感を残す

私は、哲学対話を教育活動のベースにしていますから、「思索にふける」ことは大切なことだと考えているのですが、簡単に言い換えると、「モヤ感を残しておく」ということです。「思索」にふけっているオン状態というわけです。いろいろな情報を脳内に取り込んでいる状態と置き換えてもいいかもしれません。

私たちには、うまく説明できないこととか、はっきりとはわからず、もやもやしている感じ、というのがあると思うのです。教えることを仕事にしていると、とかくスッキリと整理して伝えることを重視するあまり、時にこの「モヤ感」を解消させる方に意識が向かいがちです。「知識」の背景はもやもやするので、とりあえずそこを切り取りがちです。曖昧なことをはっきりさせるがために、知識と知識の関係よりも一つひとつの知識を憶えることに目が行き、効率重視となってしまいがちです。これが、1点刻みのテストの正当化につながってきたのです。

しかし、人が何かを突き詰めて考えようとするときには、「モヤ感」がもとになっていることが多いと思うのです。何かが引っかかってそのまま通り過ぎることができない。だから調べてみようとする。そうするとそこで新たな疑問がわいてきて、そこから興味と関心が広がっていく……といった具合ですね。

ですから、授業において、あるテーマがスッキリと完結していなくても、その授業が思索のきっかけになるのであればそれでよいと思います。

「この授業で○○のことがわかるようになりました」とか、「○○先生の授業がわかりやすかった」という感想は、言われた先生にとってはうれしいことかもしれませんが、何かそこで思考が停止してしまっているような印象を受けます。

それよりも、授業が終わった後に「モヤ感」が残っていて、そのトピックについてもう少し調べてみよう、友達と話し合ってみようという気持ちになることの方が大切なのではないでしょうか。

日本の従来の教育では、わかりやすく教えることばかりが重視されてきて、「モヤ感」を残すような授業は否定されてきたと感じるのです。でも、もともと学問というのは、読んで字のごとく、学び問うことなのです。学ぶためのトリガーというのは、問い続けることでしょう。だとすれば、授業で疑問解消、スッキリしたというのは、本来の学びとは言えません。

中高を終えて大学に入るときには、わからないということを前提に思索にふける力が必要になります。数学者の森毅《つよし》さんが『みんなが忘れてしまった大事な話』（ワニ文庫）にこんな趣旨のことを書いています。

「中高時代に数学を解くのが得意だった生徒が大学に入ってからしばしば躓《つまず》くのは、わからないということに対する耐性がないからだ」

「思索」にふける悠長な時間に焦りを感じてしまうのでしょう。

大学やその先で扱う数学というのは、むしろ答えがわからないことが多いから、答えのない問題にどのくらい取り組んでいられるかというのが大事な能力なわけです。近年ロシアの数学者グレゴリ・ペレルマンによって解かれた世紀の難問ポアンカレ予想など100年もの歳月の間、多くの数学者が「モヤ感」でいっぱいだったのですから。

21会の同志校である聖学院も思考力セミナーという中学入試の「思考力テスト」対策講座を実施していますが、このポアンカレ予想をコーヒーカップとドーナツは同じかなど問いかけて思索の世界に入り込みます。宇宙というのは結局ドーナツとは違う曲がった空間全体なんだという何とも難しい話なのですが、思索にふける小学6年生は、実はこのポアンカレ予想をもやもや考え続けた偉大な数学者と脳波はシンクロしているわけです。

性急に答えを見つけることばかりが大切なのではなく、時にはわからないことに対してそれを「モヤ感」として保持しておく力というのは、生涯学び続ける上でとても大事な力になるのです。

わからないことへの耐性

「モヤ感」は大切だというのはわかるけれど、そうはいっても「わからないことへの耐性」をどうやって身につけるのかと疑問に思われるでしょう。そう思うことがすでに「わからないことへの耐性」のあることとの証明です。

パスカルが「人間は考える葦である」というメタファーを語ったとき、問い続けることが人間の証明であると言っていたのかもしれません。

となると「モヤ感」は人間存在そのものにかかわってきます。「わからないことへの耐性」はますます重要ですが、何か重たいですね。

そこで、こう置き換えてみたらどうでしょう。「好奇心に満ち満ちること」と。好奇心旺盛とは、見るもの聞くもの「ナンデダロウ、ナンデダロウ」と問いたくなる心性です。「わからないことへの耐性」は「好奇心に満ち満ちること」と同じだとなると、ワクワクすることだということですから、それは人間にとって何より大切であるということになるでしょう。

では、どうするか？　となると、まずすぐに思いつくことは「体験すること」だということになるでしょう。我が校も、「ケンブリッジ研修旅行」「パリ－ロンドン修学旅行」「パラオ研修旅行」から多彩な「部活」まで「体験」は溢れています。「体験」は本当に大切です。しかし、「体験」するだけでは、必ずしも好奇心旺盛になるとは限らないのです。「体験」から何かを汲み取る「モヤ感」が育っていないと、「気づき」がないまま「おもしろかった」「感動した」で終わってしまうものです。それでは、気晴らしや娯楽とあまり変わりないものになってしまいます。わざわざ学校で「体験」するまでもないことでしょう。では、「体験」で終わらないようにするにはどうしたらよいのでしょうか。

それには、生徒が「問い」の網の目を紡いでフィルターをつくるトレーニングが必要です。そして、それが実はアクティブ・ラーニング型授業なのです。知識偏重に陥ることなく、「知識」への「問いかけ」ができるようにトレーニングしておくことが授業では重要になってきます。これがアクティブ・ラーニング型授業の肝なのです。21会の同志校は協働で教育カンファレンスやセミナーを開催しますが、そのときに21会の学校の授業のエッセンスである「授業体験」ができるように「思考力セミナー」も受験生対象に行います。

これは、各校が実践しているアクティブ・ラーニング型授業が反映していて、わかりやすいので、ご紹介しましょう。

たとえば、ある回のセミナーでは、聖学院の思考力セミナーをベースに21会校が協力して行いました。まずはいくつもの「ゆるキャラ」を見せて、自分がどれが好きか意思決定するところからはじまります。

そして、なぜそれを選んだのか、チームで意見交換します。「かわいいから」とか「これしか知らないから」とか「おもしろいから」とかたくさん出てくるのですが、意外と同じような意見しか出ないことに気づきます。

最初はワーッとおもしろがっているのですが、一体何をやらされているのだろうと「モヤ」っとしてきます。そのときすかさず、2つに分けてごらんと問いを投げかけます。先ほどは、自分の気持ちでしたが、今度は少しだけ、何か法則があるのではないかとモヤ感が増長してきます。

チームで話し合っても、意外と収拾がつきません。「モヤ感」満開です。次にモナリザの縦横の比を微妙に変えた画像を数枚提示して、もう一度自分が好きなモナリザを選びます。今度は少し分類して話し合っていますから、自分の好みがどのようなものかを考えながら選び始めます。

何か突破口があるのではないかと先回りする生徒も出てきます。そこで「モノサシ」を提供します。そのとき「モノサシ」が差異を測る道具であり基準であるということに直感的に気づく生徒も現れます。

電卓も渡します。するとゆるキャラの縦横の長さをモノサシで測り、電卓で計算してよいかという提案が生徒から出てきます。生徒からの提案ですから、もちろん、それは良い考えですね、やってみましょうという流れになります。

すると、実は黄金比と白銀比に分かれることが判明します。もちろん、予めそのようにゆるキャラを選んでいるからなのですが、黄金比は西洋の美的な感覚で、スマホの画面とか写真のサイズとか、ミロのビーナスとかを例に出して、西洋の人が美しいと感じる比が黄金比と言われていることを説明します。

一方、コピー用紙とか法隆寺などの神社仏閣などの比は、白銀比であることも説明します。学校での授業であれば、調べてごらんとなるところですが、セミナーでは、その時間はないので、そこはショートカットして、何か気づいたことはないかリフレクションをチームで話し合います。

すると自分は日本人だけれど黄金比のものを好むとか、やっぱり白銀比だとか、西洋人が好きなアニメのキャラクターは黄金比で描いているのだろうかという話になります。

では、どんな新たな問いが生まれるのだろうかと最終的な問いを投げかけます。生徒は気づきや新たな問いを自分で立ち上げますから、その問いは大切にします。果たして「美」の感じ方は民族によって違うのか、個人によって違うだけなのか、などたくさん出てきますが、すぐには解決しないし、正解が一つであるわけではないのです。

つまり、2020年大学入試改革で出題される問題は、第1章でみたように「正解が一つではない問題」が出題されるのですが、それには「モヤ感」を持ち続ける「わからないことへの耐性」が必要であると同時に、与えられた正解が一つでない問題に対し新たな問いをぶつけられるかどうかまで必要となってくるということなのです。「ナンデダロウ、ナンデダロウ」というのが「好奇心に満ち満ちること」であり「わからないことへの耐性」だからなのかもしれません。

AIにできないこと

2045年以降は、論理的思考を要する知的領域の仕事までAI(人工知能)ロボットが肩代わりしてくれる時代になるという話は、聞き飽きた感がします。が、決してSF物語の話ではなく、人間社会の危うさを考えないではいられない時代がやってきたのです。

このAIロボットの進化が、そもそも2020年大学入試改革で標榜されているCBT(コンピューターベーステスティング)を実現するというのだから、まったく他人ごとではありません。

また、このロボットがどれだけ進化しても最後に残る人間の仕事は何かについて論述する大学入試問題は、東京大学や慶應義塾大学をはじめ、これまでもいろいろな大学で出題されています。そして、おそらく創造的な仕事は、論理が飛び跳ねる直感的な要素があるので、ＡＩは、計算ができなくなるとか、あるいは恐ろしいことにそのような思考様式そのものをバグと認識して削除すると警鐘を鳴らす学者も出てきているぐらいです。ホーキング博士やビル・ゲイツ氏までも警鐘を鳴らしていると新聞で騒がれるぐらいですから、いよいよＡＩの知的領域への進出はリアリティを帯びてきました。

しかも、最近ではＡＩの進化は凄まじく、人間の最後の砦のひとつである「創造」の領域にまでＡＩは挑戦してきています。ＡＩがチェスや将棋、東京大学の入試問題で優秀な成績を収める論理的境界線を越境して、ついにＡＩは芸術家になれるかというテーマの研究も進んでいるのです。

我が校では夏休みにオルセー美術館公認の印象派のリマスターアート展というものを開いています。セザンヌやモネなどの作品を、すべてコンピュータによって本物以上の品質で「複製」したものの展覧会です。すでに私なんかよりはるかに創造的活動をコンピュータがやってしまっているということなのです。もちろん、リマスターアートとしての作品それ自体は創造物ではありません。しかし複製という行為システムは創造的行為です。

どうやら、このＡＩ問題は、意外と大きな問題です。なにせ人間とは何かを突きつけてきているからです。道具は人間の手や足や筋肉の延長上に進化し、人間の力を何十倍にも増強できるようになってきました。コンピュータも人間の脳神経を強化し増強しているわけです。

コンピュータに限らず、そのほかの道具も素手ではもはや人間はかないません。ＡＩであればなおさらでしょう。では、人間の最後の砦は、道具の制御判断ということになりそうですが、それもまた違います。

なぜなら、オートポイエーシス（自己制作）というギリシャ語語源の言葉が生物学の世界で使われて久しいですが、細胞まで自動的に複製されてくる世界がすぐそこまでやってきているからです。

ＡＩは物理的システムだけではなく有機体の循環システムも制御できるようになるかもしれません。さて、ではどう問題解決をすればよいのでしょう。ＡＩを創るのを止めるという判断しかないのでしょうか。いや、すでにディープラーニングといって、ＡＩが膨大なネット上の情報を瞬時に収集し、分析し、認識する学習を身につけてしまっています。おそらくいつの間にかネット上にマザーコンピュータが生まれていて、ＡＩの消去を阻む自己制作は進んでいるのかもしれません。そうだとすると手遅れです。

となると最後の砦は？　そう「モヤ感」です。ＡＩや道具はスッキリしないものはまだまだ理解ができません。「モヤ感」のない人間は理解可能でも、「モヤ感」をもった人間はＡＩは理解できないかもしれません。

ＡＩ研究は、結局人間とは何かをリサーチしていく過程で可視化できない領域を明快にしていく過程でもあります。すると「モヤ感」なるものが解なしという形式で残ります。もっとも最近では「クラウドコンピューティング」の開発が勢いを増してきました。20世紀末までは、個人の考えたデータや仕事をした情報は、パソコンの記憶装置に収められ、共有できない状態でした。現在もセキュリティの都合で共有しない情報もありますが、以前とは比べ物にならないほどの情報量がネットワーク上で記憶され、あるときは、グローバルネットシチズンと共有さえできるようになりました。このクラウドコンピューティングの進化は、人間の「モヤ感」への挑戦なのかもしれません。

オックスフォード大学のＡレベル受験後さらに設定されている個別入試で《カタツムリには意識はあるでしょうか？》という問いが投げかけられていることは前章で紹介しました。もちろん、この問題は「ＡＩには意識はあるでしょうか？」と問うところまで考えていく入り口の問いです。２０２０年大学入試問題は、かくもおもしろい問いが投げかけられることになると期待しているのです。

妄想力と検索力とクラウド感

本書を執筆しているときは、ちょうどノーベル賞受賞者発表のシーズンでした。ノーベル生理学・医学賞の受賞者の北里大特別栄誉教授である大村智《おおむらさとし》さんにしても、ノーベル物理学賞を受賞した東大宇宙線研究所の教授梶田《かじた》隆章《たかあき》さんにしても、理論を根拠づけるために、地道な観察とそれによるデータの収集、実験に膨大な時間をかけています。新聞で記事を読みながら、こんな「妄想」が浮かびました。

大村さんにとって、「イベルメクチン」という薬になる元の物質が存在している地球上の土は巨大なデータベースなのではないか。そのデータベースはしかし、今でいうネット上の「クラウド」さながらで、検索すれば出てくるのだと。しかし、問題はあまりにも膨大なデータゆえに、探すための「検索」にはかなり高度な技術がいるのではないかと。

梶田さんにとって、その「クラウド」は、宇宙そのもので、宇宙から地球を通り抜けてしまい、観測でとらえるのは非常に困難な「幽霊粒子」であるニュートリノを「クラウド」から検索する高度な技術や装置が、「スーパーカミオカンデ」なのではないかと妄想は膨らみました。

そんなことを思いながら、梶田さんについての記事を読んでいたら、こんな文章にぶつかりました。

「ニュートリノは電子型、ミュー型、タウ型の3種類があり、飛行中に別のタイプに変身する不思議な性質がある。『振動現象』と呼ばれるもので、これが確認できればニュートリノに質量があることの証拠になる。振動現象は昭和37（1962）年に名古屋大の坂田《さかた》昌一《しょういち》博士らが理論的に存在を予言した。だが観測による裏付けはなく、素粒子物理学の基本法則である標準理論では、ニュートリノに質量はないとされてきた。もし質量が見つかれば、新たな物理学の誕生につながる重大な意味を持つ。」（産経新聞2015年10月6日）

「理論的に存在を予言」。この言葉が気になりました。

「予測」ではなく「予言」という段階が科学の世界にもあるというのが気に入ったのです。おそらく坂田博士の時代は、ニュートリノを観測する技術が今ほど発達していなかったので、検索することもできなかった。それゆえ理論的に予測したのではなく、予言したのだということでしょう。

これはもう「妄想」といったら叱られるかもしれませんが、似たような思考の段階ではないでしょうか。そのうちに、なんとかその予言を仮説に、予測に、証明にと探究していくにつれて、観測という検索手段が発達してくる。すると、地球上の土や粒子の飛び交う宇宙という「クラウド」から存在を特定する物質や現象を検索できるようになるということでしょうか。

私たちの学びの世界では、「妄想力」はあっても、「検索力」の技術もまだ発達していないし、そもそも「土」や「宇宙」のように人類共通の「クラウド」がありません。人間一人ひとりに「脳」というデータベースがありますが、それはまだ共有されていません。ＡＩやクラウドコンピューティングが必要なのは、一人ひとりの脳に蓄積されたデータベースをネット上に共有するという作業なのかもしれません。

私は、またもや学びの本質について「モヤ感」でいっぱいになっているのですが、まだ不十分ではあるけれども、人類共有の知であるはずの「クラウド」の中で「検索」している自分に気づきます。「クラウド」の中は、境界線がありませんから、大村さんの記事も梶田さんの記事も生化学だとか物理学だとかいう専門的な境界線を横断的に理解しようという「妄想力」が働きます。

そしてその「妄想」した内容について、学内で哲学対話することによって、生徒との学びの方法の仮説が立ち上がり、試行錯誤の授業が行われていくわけです。

ＩＣＴはまず「発想革新」

２０２０年大学入試改革では、新テストは、２０２２年高校の新学習指導要領の全面実施後、本格的にＣＢＴのシステムを活用するという予定になっています。これはつまり、個人情報のセキュリティを強化する必要がありますが、生徒の知のデータベースができあがるということです。

このデータをどのように分析するかは、まだ具体化していませんが、法整備も含めて、活用する方向に動くのは当然です。

特に「高等学校基礎学力テスト」は、高2の段階で複数回あるということは、データベースの作り方、検索の仕方によっては、自分の弱みをいかに強みに転換させるか、学習方略を組み立て直すリフレクション（振り返り）ができることになります。学力格差が1点刻みで出てしまうという従来の入試システムとは違い、生徒たち全体が学力をアップさせる具体的な方法を見つけることができるシステムになる可能性があります。

実は、このICTの活用は、授業の中でも行うことになります。実際、タブレット型コンピュータを生徒全員が持っていたり、チームに1台用意されたりした場合、プロジェクターで生徒の考え方を共有するのは容易です。その考え方がデータベースに蓄積され、セキュリティさえしっかりしていれば、いつでもどこからでも、仲間の考え方を参考にすることもできます。

私もICTを本格的に導入しようと思いますが、実はセキュリティの問題や費用の問題も重要ですが、まずは「自分軸」のマインドセットが重要だと考えているのです。すでに

第1章で述べましたが、この「自分軸」は多様性の中で磨き上げられ太くなっていくのですが、この「自分軸」を自ら切磋琢磨して軌道修正しながらも「自分軸」のオリジナリティを創っていく思考力を身につけることが優先順位として高いと考えています。

たとえば、次のような東京大学理科Ⅱ類の２０１３年度外国学校卒業学生特別選考小論文問題を考えるときに、ＩＣＴをどのように活用するのでしょう。

《自然科学において、ある「予測」に基づいて行った研究が大きな成果を生み出した例があります。その一方、現在から振り返ってみると「先入観」にとらわれた成果として、誤った方向に研究が進んだケースもあるようです。「予測」と「先入観」とは、どこが同じでどこが違うのでしょうか。正しい「予測」に基づいた研究を進めるためには、どのようにしたらよいのでしょうか。あるいは「予測」の正誤を事前に知ることは、そもそも可能なのでしょうか。実例を引用しつつ、あなたの考えを述べなさい。》

この問題は、実に「モヤ感」がふくらむ問題です。授業の中で扱えば、「予測」と「先入観」をタブレットで検索するでしょう。たんに辞書で書かれている意味の違いだけでなく、検索していると使われ方などもすぐにネット上にあることはわかるし、仲間によって引っ張り出してくる事例も違うので、早い段階で、素材は引き出せます。

しかし、これを並べたり、比較したり、カテゴライズしても、「モヤ感」はなくなりません。というのも、成果がでるまで、実際は予測だったのか先入観だったのかはわからないからです。クラウドから引き出したネット上の素材を整理してまとめるだけで、スッキリしたとしたら、そこにオリジナルの自分の考えがないわけですから、結局何もわからないで終わるだけです。

ですから「モヤ感」を持ち、「妄想力」を働かせ、「検索力」で「クラウド」からヒントを収集して、それを並べただけでは、まだ「モヤ感」がスッキリしないような「自分軸」を持っている必要があるわけです。この「自分軸」こそ「発想革新」の契機になります。

ニュートリノに質量はないという予測は、今や梶田さんによって先入観として間違っているという決着がつきました。梶田さんが、その予測を先入観とみなし続けられた「自分軸」とは何だったのでしょう。もしそれがわかれば、私もノーベル賞を受賞できるかもしれません。それは永遠の「モヤ感」でもあります。

ブルーム型タキソノミーとクリティィカルシンキング

2020年の大学入試問題は、「高等学校基礎学力テスト」「大学入学希望者学力評価テスト」「各大学個別の独自入試」の3層構造になっているという話を思い出してください。すでに述べたように、実はこれはベンジャミン・ブルームの認知領域の6つのレベル分けに沿うもので、「知識－理解」「応用－分析」「統合－評価」という6段階を大きく3つに分けると、3層構造に重なるということでした。

もともとブルーム自身、チームをつくって、膨大かつ多様なテストを集めて、その問いの分析をしてシンプルなタキソノミーにまとめていったのですから当然と言えば当然なのです。

このブルームの分類方法をめぐって新しい分け方が研究されてきたのですが、結局一つにまとまることはなく、PISA（国際学習到達度調査）やCEFR（ヨーロッパ言語共通参照枠）、IB（国際バカロレア）などでブルームを超えて様々なバリエーションになっています。いわゆるブルーム「型」というわけです。

実は、かえつ有明もブルーム型のタキソノミーをつくっています。そしてブルームが認知領域だけではなく、心理的な領域や感性的な領域においてもタキソノミーをつくろうとして未完だったわけですから、そのような領域についても目配りした独自のブルーム型タキソノミーである「知のコード」をつくっています。これについて詳しくは、第7章で語ります。

ここで確認しておきたいのは、「モヤ感」は、論理的な思考を積み重ねていったのちに飛躍する創造的領域で「ナンデダロウ」と探究し続けるある意味センサーです。そして「クラウド」で専門知の領域を横断しながら検索していったときに、脳内で異質なもの同士が化学反応を起こしはじめます。これは、異質なものを結びつけるようなことはできないという規制を自ら打ち破り、結びつける接点を見出す感性が必要になってきます。

つまり、今までの自分の思考のレベルをステップアップさせ、自分を変えていく原動力が必要になります。「モヤ感」から「発想」が生まれ、それを観察、議論、検証して「現実化」していく過程を促す原動力です。

その原動力がクリティカルシンキングなのです。まだ教育の世界ではなじみがないため、「批判的思考」という表現も使いますが、否定的な意味合いが強く含まれがちです。思考のレベルを上げていく原動力という肯定的な意味を押し出したいので、カタカナの「クリティカルシンキング」という表現がよいと思います。そして、今述べました「モヤ感」から「発想」が生まれ、最終的にその発想が「現実化」するあらゆるステップでクリティカルシンキングが作用しているすべてのプロセスをクリエイティブシンキングと呼んでいます。ですからある意味この2つの思考のあり方は表裏一体です。

だからアクティブ・ラーニング

少し難しい話になったかもしれませんから、また2020年大学入試問題を予言するような問いを見てみましょう。東京大学理科I類2014年度の外国学校卒業生特別選考小論文問題です。

《もし、地球が東から西に自転したとしたら、世界は現状とどのように異なっていたと考えられるか、いくつかの視点から考察せよ。》

ワクワクするような恐ろしいような問題ですが、こういう問いは投げかけられた途端「モヤ感」が満開となるでしょう。あらゆるものが逆になるかというとそうでもないし、そもそも日本が存在しているかどうかもわからない。偏西風は逆になるだろうから、季節感も変わるかもしれない。もしかしたら、宇宙の構造も変わるのかもしれない。でも、それはなぜだろうともやもやしてきます。

この「モヤ感」が生まれたときこそ、対話や議論にシフトするチャンスです。この瞬間をつかむ授業こそアクティブ・ラーニングです。

哲学対話や議論が始まると、互いの考えを「コンペア・コントラスト（比較・対照）」していきます。すると、気づきが整理されます。次の段階では、「コーズ・エフェクト（因果関係）」という理由を語り合いますが、わからないことがたくさん出てきます。しかし、それが大切なのです。その場で解決できないのですから「調べる」以外にないわけですね。重要なのは、わからないリストのカテゴライズです。それが「いくつかの視点」になるわけです。

マントルの対流と自転の関係、海流と自転の関係、風と自転の関係、月と自転の関係……と意外と視点が階層構造になっていることに気づいていくでしょう。

そして、しかしながら、世界地図が今のままであるはずがないから、どうしてもそこから出発するとわからなくなり、さらに「モヤ感」が出てきます。

そういうときは、いったん個々人が調べて、また集まって語り合うということを繰り返します。「モヤ感」から始まり、クラウド検索によって「知識－理解」に進み、それを他の事象にも活用するために一般化へいたる「応用－論理的思考」に進み、ここでハタと立ちどまり、ここにいたるまでのすべての過程をクリティカルチェックして新しい発想を現実化していく「クリティカル／クリエイティブシンキング」を行っていくという一連の循環が哲学対話であり、かえつ有明の授業のスタイルです。

この正解が一つではなく、複数の視点から考察するような問いを考えていくときの授業はどうしても対話スタイルにならざるを得ません。

そしてこの授業展開こそ、2020年大学入試改革に伴って改訂する学習指導要領の中心に位置するアクティブ・ラーニングです。

2012年8月28日、中央教育審議会が発表した答申「新たな未来を築くための大学教育の質的転換に向けて ～生涯学び続け、主体的に考える力を育成する大学へ～」では、アクティブ・ラーニングは次のように報告され、以降文部科学省の定義となっています。

「教員による一方向的な講義形式の教育とは異なり、学修者の能動的な学修への参加を取り入れた教授・学習法の総称。学修者が能動的に学修することによって、認知的、倫理的、社会的能力、教養、知識、経験を含めた汎用的能力の育成を図る。発見学習、問題解決学習、体験学習、調査学習等が含まれるが、教室内でのグループ・ディスカッション、ディベート、グループ・ワーク等も有効なアクティブ・ラーニングの方法である。」

2011年に発足した21会の挑戦は、独自の試みであると同時に、日本の教育全体が求める試みとなったのです。

そして、それが2020年大学入試問題と接続する学び方なのです。

第４章　本当のアクティブ・ラーニング

「マイクラ」にショック

「マイクラ」とは、マインクラフトというＩＣＴゲームの通称です。マイクラを華麗に操作している小学生の様子をニュースで見て衝撃が走りました。私たちが解なき社会が広がり、ＡＩ（人工知能）ロボットの脅威を予想している２０２０年、２０３０年、２０４５年の未来をとやかく語っているうちに、目の前で小学生が軽々と「マイクラ」を扱う光景が広がっていたからです。

ゲームについてまったく明るくない私ですが、マイクラがレゴと、ドラクエなどのロールプレイングゲームと、シムシティの都市構築シミュレーションゲームの融合されたものであることぐらいはすぐにわかりました。

システム思考からデザイン思考などという話題もよく言われます。要は論理だけではなく感性も大いに発揮しようとか、左脳ばかりではなく右脳も活用しようという風潮です。

しかし、そんな難しい話よりも、一目瞭然。今の小学生を待っている未来では、当たり前のように、コンセプトをレゴマインドでプロトタイプを組み立てては、壊していくという作業を何度も繰り返す仕事になっていく。また、国家プロジェクトより地球市民レベルで自ら都市を運営するグローバルシティやクリエイティブシティ、コンパクトシティの時代がやってくるのがはっきり見通せたのです。

小学生が行っているのは、建物を実際に建築し、自然を開拓していくシミュレーションです。

もちろん、そのストーリーは現代社会の都市生活というよりは、ハリー・ポッターさながらの神話的な冒険がベースですが、あらゆる物語のプロトタイプである神話的要素が入っています。大学で研究する現代思想や言語学のレベルの話が、いとも簡単に小学生によって操作され構築されているのです。

結局、子どもたちの遊びの世界に未来のビジョンが明快に横たわっているのです。解が一つではない世界を物語という自然言語とＩＣＴという人工言語の両方を迷うことなく操作して、無限の解を描いていく子どもたち。

彼らが社会に出るときには、今大騒ぎしている英語も、すでに楽天の三木谷社長が著しているように「たかが英語！」という事態になっているのでしょう。

それにしても、マイクラで遊んでいる小学生は、ネットで協働して町も創っていきますから、まさにアクティブ・ラーニングを実践しているのです。

かつて多くの大学入試の小論文で、「学びと遊びの関係」について論じる試験が出題されていましたが、まさに学びと遊びの境界線が消えて、生き生きと遊びながら、英国の偉大な都市デザイナーであるリチャード・ロジャーズや米国の繁栄都市計画に影響を与えたフランク・ロイド・ライトのような学びを同時に行ってしまっています。

教師が教える側で、生徒は教わる側であるという20世紀型教育は、もはや2020年大学入試を迎えるときには、過去の遺物に過ぎなくなっているでしょう。

技術・感性・自然のエコシステム

ノーベル物理学賞の栄誉に輝いた東京大学宇宙線研究所所長の梶田隆章さんがニュースで語っている姿は、実に2020年大学入試改革で求める、協働的な学びの体験に通じるものがあります。これは梶田さんに限らずノーベル賞受賞者のみなさんに共通する言動ですが、とにかく「チーム力」を強調し、研究者のみならず研究に関係した多くの企業や技術者に感謝している姿に心打たれます。

そして、理論としての研究を国だけではなく企業も支援する。むしろ企業の支援の方が現場の技術者の情熱をも巻き込みますから、大きいかもしれません。

今回梶田さんの研究者としての情熱に感動したのはもちろんですが、ニュートリノの観測装置そのものの話にも大変感動しました。

この観測装置に求められたのは、５万トンの超純水とそれをたくわえる容器に、直径20インチ（約50センチメートル）の光電子増倍管１万１２００本というから驚きです。この超純水は１００％に近い純度という意味で、その生成技術は、どこにでもあるわけではありません。そして光電子増倍管は、月から地球に懐中電灯を照らしても感知できるほど高性能だというのです。その光電子増倍管とは、センサーです。観測には欠かせない「感性」なのです。

20世紀社会というのは、利益優先の社会で、感性の機能だとか、自然との融合だとかは関係なく、どんどん環境を破壊していったし、それは実は今も続いています。

しかし、レイチェル・カーソンが導いたように、「センス・オブ・ワンダー」を大切にし、技術と感性と自然がエコシステムになることを目指す21世紀社会の動きが大きくなってきています。

その決定的な象徴が、スーパーカミオカンデです。20世紀社会の人間関係は官尊民卑、学尊民卑といわれてきました。しかし、このニュートリノプロジェクトは、かかわるスタッフは互いを尊敬し合って協力し合う関係です。まさに「チーム」です。

そして、自然と技術と感性と理論は、すべてがつながって循環機能が最適化されていなければ成功にいたらないわけです。

このプロジェクト型の研究を、大学ではPBL（プロジェクトベーストラーニング）と言い、最近ではアクティブ・ラーニングと言います。これが本当の2020年大学入試改革の理由です。

大学を卒業するときの方針をディプロマポリシーと呼びます。そのディプロマポリシーを実現する教育内容の方針をカリキュラムポリシーと呼んでいます。そして、そのカリキュラムポリシーを実現できる人材を確保する大学入試問題の出題方針をアドミッションポリシーと呼んでいます。文科省はこの3つのポリシーが明快かつ有機的につながっていなければならないと規定しています。

ディプロマポリシーは、ニュートリノプロジェクトに象徴されるように、研究者、企業人、技術者であれ、協働してチームを運営していく知性のみならず感性や倫理観を有している必要があります。

それを培うのはカリキュラムポリシーとしてはアクティブ・ラーニングです。このアクティブ・ラーニングを学部時代に遂行できる能力が重要であれば、当然1点刻みの既存の知識の多寡や引き出せる速さの優劣はまったく役に立ちません。それゆえ、学力の3要素を大学入試問題で評価しようとするわけです。

「知識・技能」「思考力・判断力・表現力」「主体性・多様性・協働性」の3つですが、この学力の3要素はどのようなカリキュラムマネジメントによって育成されるのでしょうか。アクティブ・ラーニングを可能にするカリキュラムでなければいけないわけで、実は2020年大学入試問題を突破するためにだけ必要だということではないのです。

20世紀社会から21世紀社会にシフトして、時代が要求する学びのルールが変わったのです。ですから、授業における教師と生徒のロールプレイも変わり、授業で活用されるツールも変わるのです。

ロジカルに組み立てて組み替える

有名な哲学者カントの「コペルニクス的転回」という発想があります。哲学者の戯言と思われるかもしれませんが、ブルームのタキソノミーも、このコペルニクス的転回によってカントが考案した認識のカテゴリーに拠って立っています。

あの『科学革命の構造』を世に著し「パラダイムシフト」という言葉を広めた科学史家トーマス・クーンの発想も、この「コペルニクス的転回」を意識していることは明らかです。

コペルニクスは16世紀ルネサンス期に活躍したポーランドの天文学者です。カトリック司祭でしたが、当時の世界の権力者であった教会の「天動説」を否定して「地動説」を打ち立てたわけですから、天と地をひっくり返すほどの歴史的大転換を「コペルニクス的転回」というのは実に的を射ています。

さて、この転回はしかし単純に先入観を打ち砕いたというような簡単なものではないかもしれません。たとえば、電流はプラスからマイナスに流れていると言われますが、実際には電子がマイナスからプラスに流れているわけです。でも理屈は逆も真なりで、電流という存在は今もあるでしょう。

しかし、コペルニクス的転回は、たんに地球が中心か太陽が中心か反対になっただけだということではありません。正確にははじめから地動説の論理が語られてきたのです。ただ、限られた範囲で太陽が回っていようが地球が回っていようが論理が破たんしなかったので、教会権力が聖書の比喩を真に受けて天動説をとっていただけです。

しかし、大航海時代がはじまっても、天動説でも現実に航海のロジックは問題がなかったわけです。ただ、コペルニクスの時代になると暦の問題や望遠鏡の発明などで、天動説では論理的に説明ができないことがだんだん多くなってきたのです。

それにコペルニクスが地動説をはじめにとなえたのではなく、プラトンも天ではなく地球が動いているのだと考えていたようです。

「コンペア・コントラスト」という思考の基本的なスキルを当然持っていた彼らが、複眼的に考えることができたのは想像に難くないでしょう。

でも、権力という抑圧的発想が、その自由を久しい間奪っていたわけですね。しかし、天を眺めていると、他の惑星が急に逆に動き出す不思議な現象が起こります。それはもちろん見かけ上の動きですが、それは地球が回っているとした方が論理的に説明がつくということになっていきます。

つまり、論理的に説明できない現象や、観測技術の進歩によって従来の論理では説明できなくなってきたとき、権威を捨てて、論理を入れ替えていく動きがでてくるのです。論理と現実のギャップを解消するクリティカルシンキングが働き出すわけですね。

ですからこうして考えると、クリティカルシンキングによって新しく論理を組み立て直すという意味では、日々コペルニクス的転回は起きています。

まして、ノーベル賞受賞者の思考はこのクリティカルシンキングとクリエイティブシンキング以外の何物でもないでしょう。電気が通らないはずのプラスティックが電気を通すようになる発見や、質量がないはずのニュートリノに質量があることの発見が行われているのですから。

このような複数の視点で見ることによって「先入観」は当然崩れるし、今まで通説だった論理すら崩れてしまうのです。このような複数の視点を育む多様性を受け入れる学びがアクティブ・ラーニングの面目躍如といったところです。

感性と直感力　PDCAより「遊び心」

私は、子どもたちがこれからの社会を生きていく上で大切なことが3つあると思っています。1つ目は、感性・直感力のアンテナが立っていること、そして2つ目は、その感性や直感力をロジカルに組み立てて伝達する能力です。感性とロジカルな能力というのは対になっていて、片方だけではうまく機能しない。それぞれが補完し合っています。

これまでの教育では、ロジカルな面ばかりが強調されてきました。しかし、いかにロジカルであっても、本人が「これはおもしろい」と思わなければ本当の学びになっていきません。おもしろいということが置き去りにされてきたために、主体的な「学び」ではなく、受け身の「勉強」になってしまうのですね。学校は、主体的な学びが実践される場ですから、模試や受験のことばかりではなく、それぞれの生徒が自分なりの興味や関心を育めるような教育が望ましいのです。

さらにもう一つ大切なことは、人と関わり合うことです。人と関わらないと先の2つの能力も磨かれません。自分を知るためには必ず自分以外の人が必要ですし、自分が周囲と異なることを認識すればこそ、自分の価値にも気づくのだと言ってよいでしょう。そして、それは「自分軸」をより強化していくでしょう。

感性・直感力の話に戻りますが、こういった能力を育むことは学校教育の役割の一つです。大学受験だけを考えていると、芸術科目が軽視されがちです。しかし、芸術に触れることは、歴史や文化に対する興味も刺激するはずですから、結果的に知識や教養につながっていきます。ノーベル生理学・医学賞を受賞した大村智さんは、絵画にも造詣が深く、女子美術大学の大村文子基金を奥様といっしょに創設されました。

それはともかく、ロジカルに体系的にものごとを知る前に、まずは自分の引き出しにいろいろな体験が入っている状態が必要です。

いろいろなことを見聞きしていれば、自分の感覚に合ったものと出会ったときに「あ、これだ」と思うはずです。この「あっ、これだ」という自然と感性の出会いという経験の蓄積が、さらに感度の高いセンサーをつくっていきます。

この高感度なセンサーをつくることこそ、自分を自由にしていく学びということです。いったい何からの自由でしょう。「先入観」からの自由です。「先入観」とは自然を純粋に観察できなかったり、自然の摂理を、人間の勝手な制度や規制に置き換えてしまうことです。

天動説をひっくり返したコペルニクスは、今の生徒や学生ほど実は知識は多くはなかったでしょう。しかし、自然や天体を当時の権力がつくりだした「先入観」では見ずに、クリティカル／クリエイティブシンキングを働かせて、自分の感性を自然の摂理に合うようにしたのです。

現代においても、様々な知識や技術が生まれていますが、それが自然と社会と精神の循環を生み出すものであるかどうか選択判断できる自由な感性や直感力が求められます。そのためには、教育制度として分野を限定してきた教科をいったんカッコにいれて、自然に即して教科横断的に広く学ぶことが中等教育においては特に大切ではないかと思うのです。

その感性や直感力があってこそ、自然や社会、精神をつなぐ知識が発見できます。その知識をロジカルな能力で、活用していく論理性は言うまでもなく大切です。問題解決能力なども、論理的思考力に支えられているわけです。

ただし、特にこれからは、それは一人で解決しようとするより、他のメンバーと協働して解決する力が求められます。もともと知識の論理は、あのスーパーカミオカンデのように、自然と社会と人間の精神がつながるようになっています。

したがって、一人で知識を溜め込むより、それぞれの得意な分野の知識をシェアしながら進めることの方が有効であるのは明らかでしょう。ビジネスの世界でもコラボレーションやコワーキングなどといったキーワードが溢れています。それだけ人との関わり、ネットワークを重視する世の中になっているのだと言えます。そしてこのネットワークとは、人間関係のみならず、その関係の背景にある社会、そのまた背景にある自然が有機的につながっているということです。

そういう意味では、このところ学習指導要領などでカリキュラムマネジメントに求められているPDCAサイクルで、教育がどこまで可能なのかは、立ち止まって考える必要があるわけです。知識のネットワークは、組織運営を管理するPDCAだけでは、まだまだ十分ではありません。

感性や直感力という自然とたわむれ、社会の息吹を感じ、精神の豊饒さを楽しめる適度な遊びによる創造性を巻き込めるかどうか考えなくてはならないでしょう。さてその遊び心とは何でしょう。

遊びの創造性を育てるためのベースとなるのは、やはり一人ひとりの感性や直感力です。はじまりはいつも「モヤ感」です。そこからはじめる教育を大切にしたいのです。

アクティブブレイン

ビスマルクの言葉で、「愚者は経験からしか学ばない、賢者は歴史から学ぶ」という格言があります。愚者や賢者という言い方は少々気になりますが、自分だけの狭い経験より、先人の経験や知恵が詰まっている歴史に目を向けなさいという意味だと解釈しています。

たしかに、生徒にとって体験は大事ですが、とはいっても、そこに教科的知識の論理的裏付けがないと、単に自分たちのわずかな経験を共有することで終わってしまう。歴史にしろ、化学や物理や数学にしろ、先人が試行錯誤しながら築いてきた知識の論理体系なのであり、そこには個人の経験ではとてもカバーできない知恵が詰まっているわけです。

コペルニクス的転回も否定というよりは、論理の組み替えなのです。天動説という論理的な体系を大海原の航海のときに使う羅針盤に適応してきた長大な経験から、賢者コペルニクスは、論理の組み替えをしなければ、さらに広大な宇宙には適用できないと考えたわけです。

したがって、ただ知識を蓄積して、言われたこと書かれていることを何でも鵜呑みにするような授業体験はもはややめるとしても、だから講義がだめだなどというわけではないのです。21世紀型の学びが目指していることは、知識をどのように活用していくか。幅広い領域に興味や関心を持つことはもちろん、知識を断片として保存するのではなく、いろいろな現象に適用して論理的整合性を考える材料に変換していくことが問われているのです。

せっかくアクティブ・ラーニングという新しい教育の流れが出てきたのですから、いつの間にか立ち消えになっていたなどということにならないように我が校では正しく盛り上げていきたいと考えています。

さて、前章で文部科学省のアクティブ・ラーニングを引用しましたが、大切な定義なので、もう一度ここで、確認しましょう。

「教員による一方向的な講義形式の教育とは異なり、学修者の能動的な学修への参加を取り入れた教授・学習法の総称。学修者が能動的に学修することによって、認知的、倫理的、社会的能力、教養、知識、経験を含めた汎用的能力の育成を図る。発見学習、問題解決学習、体験学習、調査学習等が含まれるが、教室内でのグループ・ディスカッション、ディベート、グループ・ワーク等も有効なアクティブ・ラーニングの方法である。」

ここで重要なのは、「能動的」というのは、身体や言動のみならず、脳もアクティブになっているということです。既存の知識を引き出して組み立てる作業だけではなく、知識が成り立つ以前の自然や社会、精神にある存在を感知するという作業も含みます。

感性や直感力もまた脳や末端神経の化学的反応です。本当のアクティブ・ラーニングとは、このような意味でアクティブブレインになる状態だと思うのです。

そういう意味では知識を断片的に憶える授業はご容赦願いたいですが、知識の論理的体系を習得する授業は大いに必要です。重箱の隅をつつくような、些末な知識を問うテストになることがまずいのであって、知識の論理を構造化しながら、他の知識とのネットワークを広げて、ときには論理を組み替える勇気と自信を発揮する。それが本当のアクティブ・ラーニングの重要な要素だと言えるでしょう。

東大合格帰国生の学び

校長に就任した春に東京大学の理Ⅰに合格した生徒がいます。彼は帰国生で、小学校のときから我が校を卒業するまでの学びは、まさにアクティブ・ラーニングを通して育ったロールモデルだと思います。彼の体験は、感性と直感力を養いながら、同時にロジカルに対話をしていく体験で、脳や神経系は常にアクティブブレイン状態でした。

アクティブ・ラーニングを通して成長するロールモデルとして、彼の体験について考えてみたいと思います。日本でずっと生活していると、言葉で困るということはあまりない。だから、互いの伝達はすでに知っている言葉を、その言葉の起源をたどることなく話し、伝わったと思っています。しかし、本当は日本語が含んでいる意味や文化的な背景は、言葉それ自体ではなく、慣習的な生活で阿吽の呼吸でわかるので、言葉はインデックスとしてしか使ってこなかったのです。

俳句や短歌と同じで、その言葉が指し示すイメージで語り合っているのです。俳句や短歌は、そのイメージが人によっては違うのですが、なぜか伝わってしまうという芸術的なゆらぎが遊び心を開きますが、日常の言葉では、その言葉が指し示す習慣は決まっているわけです。

ところが小学校2年生のころからシアトルの現地校に通い、かえつ有明入学1週間前まで現地に滞在していた卒業生の体験は強烈でした。小学生のときは途中までは、もう一人日本人の友人がいたようですが、友人が帰国してからは、日本人の卒業生は彼一人だけだったということです。

現地校では、最初、普通のクラスにいてもとにかくチンプンカンプンで、彼はESL（英語が母語ではない生徒向けの英語クラス）に入りました。最初の頃、教室で自己紹介をやってくれと言われていたらしいのですが、その言っている意味がわからなくて、ぽかんとしていたら、女性の先生に教室の前に引っ張っていかれて、何か話をしなくてはならないという状況になって、不安になった光景を今でもしっかり覚えているということでした。

ただ、日本の学校とは違い、彼と同じように海外から編入してくる生徒が結構多かったこともあって、周りの人たちも歓迎ムードで、いつも丁寧に接してくれたようです。彼は、今思えば、あれが多様性を受け入れる姿勢であったのだと。

ESLを抜けるまで2年くらいかかり、その間はあまり積極的に話さなかったのが、話せるようになると、毎日が楽しくなったということです。彼の体験は、言葉が生まれる瞬間に立ち会っているのに似ていて、その言葉でイメージを共有するほど文化を経験していないから、その文化を取り込むためにも話しただろうし、まずは言葉だけでコミュニケーションがとれるようにチャレンジしたのだと思います。

それからもう一つおもしろい体験は、自然と大いに戯れたということです。彼は、日本の公園とは違い、整備されている感じではなく、広い森がそのままあるという感じで、その中で遊ぶのが楽しかったと語ってくれたのですが、ここにも制度化された自然より、制度化が目立たない（米国は管理していないと、セキュリティ問題の追及は厳しいはずですが）自然の方が楽しいという感性があります。

私は、彼と話をしていて、この言語以前の存在とのせめぎ合いの体験、できるだけ人間の思惑の入っていない自然と遊ぶ体験が、感性や直感力を育成したと受けとめました。

そして、その感性は、彼の後輩に贈る次の言葉の中に、しっかりと生きています。

「世の中で言われていることというのはものすごく一般的なことなのであって、そこに無理やり自分を当てはめようとせずに、自分の思ったことを素直にやっていくことがとても大切かなと思います。自分の考えが正しいかどうかをどうしても確かめたくなると思うのですが、そういうことをあまり気にせずに、たとえば他の人が気に入らないような趣味であっても、自分がそこに価値を見出しているのであれば、それをとことんやるのがよいと思います」

通説に自分の想いや考えを無理やり合わせるのではなく、とことん追究する姿勢こそアクティブ・ラーニングで培われる「自分軸」です。

麻布の生徒に学び方を学ぶ

文科省のアクティブ・ラーニングの定義の中に「学修者が能動的に学修することによって、認知的、倫理的、社会的能力、教養、知識、経験を含めた汎用的能力の育成を図る。」とありますから、アクティブ・ラーニングというのは、従来の知識を中心とする教科の授業を否定するものだと恐れられがちです。

たしかに、先生がただ教科書の解説を板書して、それをただ書き写しているような授業は、否定されるでしょう。それに、そのような授業は、アクティブ・ラーニングが提唱される以前に、改善しなくてはならないのであって、アクティブ・ラーニングとの比較が成り立ちません。アクティブ・ラーニングと比較する従来の授業とは、知識を憶える工夫がされてきた講義型授業なのです。

知識を憶える工夫として、従来から問答形式の講義もありました。ストーリー展開を非常に工夫している講義もありました。比較や根拠のマインドマップを活用する講義もありました。動画や資料など多角的なものの見方を提示する講義もありました。

しかし、これらはすべて与えられたあるいは既存の知識を教える授業なのです。問答もストーリーもマップも多角的な素材も、たしかに生徒の脳をアクティブ・ブレイン状態にします。

しかし、これは本当のアクティブ・ラーニングではありません。有識者の中には、これも広い意味のアクティブ・ラーニングだという方もいます。

ですから、そのように考えても構いませんが、私はそれでは、すでに紹介した東大に合格した卒業生や慶應義塾大学や順天堂大学の医学部に合格した卒業生のように、既存の知識を鵜呑みにしないで、その知識の背景を、まさに「認知的、倫理的、社会的能力、教養、知識、経験を含めた」背景にまで迫るリサーチや議論を行えないと思います。

この彼らの知識の多様な背景を探っていくときの「モヤ感」から「発想」がひらめく思

考過程は、知識の論理の学び方を学ぶことで、「自分軸」を強化する学びでもあります。「自分軸」があまりなくても「知識を憶える学び方を学ぶ」ことはできますが、「知識の論理の学び方を学ぶ」ことには「自分軸」が必要です。そのような違いが、広い意味のアクティブ・ラーニングと本当のアクティブ・ラーニングの違いです。

さて、この「知識の論理の学び方を学ぶ」について考える例として、次の問題をアクティブ・ラーニング型授業でどのように展開していくのかみてみましょう。

《「横断歩道のまんなかでの、以下の出来事。――突然の強風に折れてしまった一本のビニール傘、降りしきる雨の中で、それをそのまま、そこで捨てようとする人。そんなことしちゃダメだ、危ない、と叫ぶ人。つまずいた母親の腕の中で、泣き出す赤ん坊。どうでもいいやと、足早に通り過ぎる人々。そして、信号はもう赤になったのだから、ともかく皆早くどけ、とばかりにクラクションを鳴らし続ける自動車。」――この情景をあなたが目撃していたとして、そこから得られる、あるべき社会全体の姿への示唆についての、あなたの考え方を、整理して示しなさい。》

これは東京大学文科Ⅰ類2014年度外国学校卒業学生特別選考小論文問題です。

21会（21世紀型教育を創る会）に教育リサーチャーがいますが、彼が、麻布学園でこの問題をトリガークエスチョンとしてアクティブ・ラーニングを2時間ほど経験してきたという話を聞きました。

麻布には、「教養総合」という講座が土曜日にあります。同校は、「教養」を、自然や社会あるいは文化といった私たちの世界へのより深い関心とより広い視野、そしてそれを支える知識をさすと考えています。まさに「知識の論理の学び方を学ぶ」ということではないでしょうか。

そして、まずなにより各教科が設置している系統的な積み重ねの学習があり、「教養総合」は、その基礎のうえに置かれ、各教科の授業と「教養総合」とは、相互に補い合う関係だとしています。ある意味、我が校の「教科の授業」と「サイエンス科」の関係に近いものがあります。しかし、我が校が授業の中にもアクティブ・ラーニングを導入しようというところは違いがあるかもしれません。もっとも、土曜日に60あまりの講座を展開するというのを聞いて、教養に対する同校の教師の幅広い視野と奥行きある見識に驚嘆しました。

彼は1つ目に、チーム分けから始めたそうです。30人弱のクラスだったので、4つに分かれるように言うと、すぐに自然な感じに分かれて、議論する準備ができてしまったそうです。「教養総合」は、主体的に講座を選択します。彼が招かれた講座は、リレー講座で、生徒が探究する中で気づいた課題について外部の講師を招き講演やワークショップを企画していくという性格のものでした。

エネルギー問題、税金問題、投資と投機の問題など、関心ある現代の社会問題を調査発表していくにつれ、アベノミクスに沸く現代社会を見直していきたいという欲求が高まり、その中で政府の政策の柱の一つである教育について考えるトリガーとして氏は招かれたということです。ですから、議論するのが得意な生徒が集まっていたということでしょう。

トリガークエスチョンを配るや、すぐに豪雨に襲われている横断歩道の喧騒を社会のメタファーとして議論し始めたようです。そして、発表してみると、チームによって、解釈や分析の視点が違ったということです。

そこで、彼は2つ目に、それぞれのチームの解釈方法論や分析視点の違いをまとめさせました。すると、社会の構造として解釈するチーム、登場する人物の権力関係を分析するチーム、個人と社会の関係を解釈するチーム、国家と市民社会の関係としてとらえるチームが、それぞれの特徴をつかんでまとめて発表してくれたそうです。

ここまで聞いてすでに東大の問題を解くことではなく、社会分析の方法論の次元に進んでいるのに驚きました。

彼は3つ目に、今分析して整理した社会の分析の視点の違いを今度は統合して、自分たちなりの社会をとらえる理論をつくってほしいと投げかけました。いろいろな社会科学者の方法論を知っているだろうけれど、とりあえずそれは度外視して、あくまで今議論してきた材料を使って、組み立ててほしいと。すると鼻を膨らませて議論し、組み立てたということです。その出来がどの程度のものであったかわからないですが、最後に、ある世界各国の経済と価値観の相関図を見せて、それぞれのチームで創ったオリジナルの社会理論で、そのデータを分析しなさいと問うたそうです。

彼は「どんな知識も背景をつないでいる理論があるが、それは、たとえば、同じ太陽という知識の背景に天動説と地動説のような理論があるように、すべてよいというわけではない。解は一つではないが、歴史的に最適な理論というものがあるはず。知識を憶える授業は、その知識の背景の理論がその時代時代に最適なものであるかどうかの検証をしない。いわゆる鵜呑みにするという情況。このような学習の方法が、生徒の才能を開花させるはずがないのは明らか。麻布の生徒は、その知識の背景にある理論について考察する目を持っていました。思考力・判断力・表現力・主体性・多様性・協働性を持っている生徒のロールモデルだったと思います」と語ってくれました。

これは、まさに「知識の論理の学び方を学ぶ」ことを重視している私の考え方とマッチしていて、我が意を得たりと勇気をもらいました。そして、彼はこう付け加えました。

「麻布の中でも自らこの講座を選択した生徒だから、こうすんなり問いだけ投げかけて、説明する必要がなかったのだと思います。麻布の生徒がすべてそうだとは思いません。しかし、かえつ有明や聖学院などの生徒とときどき語り合いますが、彼らも十分に同じアクティブ・ラーニングを展開できます。はじめのうちは、解説を挟みながらかもしれませんが、そのうちに同じように問いを投げかけているだけでよくなるし、おそらく新たな問いもどんどん発見していくでしょう」

自分なりの知識の理論を見つけ、議論をしながら最適な理論にしていく過程とは、「自分軸」を強化していく過程のことを意味します。

「自分軸」を見つけ、その基準で議論していくことによって、独りよがりでないかどうかクリティカルチェックができます。そして改善して最適化していくのですが、本当のアクティブ・ラーニングとは、「思考力・判断力・表現力」「主体性・多様性・協働性」をより豊かにして、人間の成長を促す学びでもあったのです。

第5章　英語力とランゲージアーツ

アートとランゲージアーツ

私は、かえつ有明の高校2年生がロンドン、パリを中心として回る海外修学旅行の引率を何度かしてきました。この旅行で、生徒といっしょにオルセー美術館やロンドンのナショナル・ギャラリーなどを訪れるのですが、特にターナーの絵に魅せられています。

もともと、ターナーの絵はジェームズ・フレイザーの『金枝篇《きんしへん》』（1890〜1936年）の本で知りました。ターナーは、『金枝』（1834年）という不思議な絵を描いています。もちろんフレイザーの生まれる前の絵です。この絵の前にフレイザーが佇み、あの圧巻の書『金枝篇』ができたのです。言うまでもなく、この『金枝篇』は後の民俗学、文化人類学、社会学に大きな影響を与えます。私はこの本が世界の人々を「モヤ感」の世界に誘った想像大連合の作品だと、位置づけています。

かの柳田国男も、『金枝篇』に首ったけになり、独自の「民俗学」を構築しました。

私は、フレイザーの『金枝篇』にも興味がありますが、何よりフレイザーにこれほどのインスピレーションを与えたターナーの絵に惹き付けられました。

それ以来、フレイザーよろしく、ターナーの絵やセザンヌの絵の前に佇むと、異次元に誘われ「モヤ感」で満たされる感覚をマインドセットされたような気がします。

このフレイザーの「モヤ感」から膨大な量の神話が生まれたというのも驚きですが、何より世界を変える『金枝篇』を生んだクリティカル／クリエイティブシンキングをいかにして生徒とシェアするのか。それが私の哲学対話のコンセプトですし、かえつ有明のアクティブ・ラーニングやクリティカルシンキング授業の肝だと思っています。

そんなことを思いながら、修学旅行で生徒と対話をしたり、夏休みの最後の週にアート部と共に企画する「印象派のリマスターアート展」でアート部と哲学対話したりしている中で、気づいたことがあります。

対話というのは、言語だけがやりとりされているので、豊かな対話をするには、言語技術を磨けばよいと思いがちです。けれども実際には、対話の背景には体験があります。その中でも、芸術体験が、哲学対話にとって重要な前提であるということに気づきました。

米国では、国語のことをランゲージアーツと呼びます。日本語にそのまま訳すと「言語技術」ですが、この「アーツ」は論理的技術から美学的技術まで幅広いものなのだということではないでしょうか。ですから、「言語技術」と訳してしまうと、美学的要素がそぎ落とされてしまいます。

豊かで創造的な対話をするときには、やはり芸術的体験がきっかけにならなければならないでしょう。近代社会に「神話」や「未開」の世界を再発見させたフレイザーの創造的思考が刺激をうけたのは、ターナーの「金枝」の前に佇んだ芸術体験がきっかけだったのです。それが新たな世界を創ることになったわけです。

セザンヌの絵もそうです。ターナーは、遠近法や写実主義の手法を超えて、見たものをそのまま描くのではなく、見えるように条件づける光を描こうとしました。同じように、セザンヌも物質の存在を成り立たせる重力そのものを描いたのですから。

このように、ターナーからセザンヌを代表とする印象派と出会った芸術的体験は、グローバルな世界で駆使する言語の質感を大きく変えました。2020年大学入試問題も究極的には、創造的思考を刺激し、世界を変える発想を生み出す人材発掘のために作成されるという着想を抱くようにもなったわけです。日本語ならなおさらですが、英語も4技能をトレーニングしていくとなると、たんなる言語技術のトレーニング以上の何か、つまりランゲージアーツのような創造的で世界を変えてしまうような対話ができるようになるまでトレーニングするプログラムが必要だと実感したのです。

なぜ「印象派」がいいのか

　セザンヌの『リンゴとオレンジのある静物』の前に立つと、世界が変わる自分に驚かされます。この絵は19世紀末に描かれています。日本を含め近代国家成立勃興期で民主主義の光と影が交錯するモダニズムの時代です。セザンヌの絵を描く手法も、与えられた自然を見たまま描く技法を捨て去っています。『リンゴとオレンジのある静物』は、遠近法は崩れていますし、果物の置かれている位置も実際と比べるとバラバラになっています。にもかかわらず、存在の重力は決まっているのです。おそらくセザンヌは、静物画を通して重力を描きたかったのだと思います。

　アジアの東の果ての国日本にモダニズムがどんどん受け入れられた時代に同期するかの如く、従来の美術界の後ろ盾である階級社会を揺るがすテーマになっているのが、印象派の絵画です。

　リマスターアート展で、セザンヌ、モネ、ルノワール、ゴッホ、ゴーギャンなどの絵の前に佇み、その転換は何を意味するのか、生徒と対話することで、生徒がクリティカルシンキングをものにしているかどうかがわかります。

　絵画が描かれたその背景を探っていく。それによって、歴史的な転回点がなんであるか確認する。ここまでくると、クリティカルシンキングプログラムの意味がわかってきます。結局、絵画を見て、何が描かれているか事実確認からその背景に横たわっているものの見方や考え方を見出していく過程こそ、クリティカルシンキングです。そして天動説の背景にある理論を、コペルニクスが見破り、ついには理論を変えることによって地動説にいたるというコペルニクス的転回が起こる体験を再現するのが、ランゲージアーツだったのです。

これは、『科学革命の構造』の著者トーマス・クーンの言った「パラダイムシフト」の体験の再現です。クリティカル／クリエイティブシンキングは、最終的には「パラダイムシフト」への挑戦でもあります。

あらゆる考え方には、その背景に横たわっている理論が負荷しています。トーマス・クーンのような科学者は、このことを「理論負荷性」と呼んでいますが、それを見破ることこそがクリティカルシンキングであり、見破っただけではなく、新たな理論を発見してしまう、あるいは新たな技術を開発してしまうというのがクリティカルシンキングの究極目標です。

言語が英語であれ日本語であれ、ランゲージアーツで扱う世界は、日常的なものや教科書の枠内で収めていたのでは、その背景が見えません。日常的なもの以前の歴史や未来を、教科書に配列された知識が成り立つ以前の歴史と未来を体験する必要があります。

芸術はそこに非日常の空間を生み出します。海外研修は旅そのものが非日常です。日常的なものや教科書の世界とそれらの非日常の世界とのズレ、そこに「理論負荷性」の背景が見えてくるでしょう。異文化理解などと呼ばれていますが、実際に海外の生徒との出会いは、文化の違いをすぐに感じます。しかし、表層の違いだけではなく、その背景にどんな「理論負荷性」があるのかまで了解できれば、互いにその違いをリスペクトし合うことができるはずです。

ランゲージアーツとは、ありふれた日常の物や知識の背景にある「理論負荷性」を見破り、それが歴史に適合しなくなった場合、組み替えるかまったく新しい理論を想像して、その新しい理論で置き換えてしまうぐらいの創造的破壊力を持っているのです。そしてこの創造的破壊力のロールモデルとして印象派のようなアートを学ぶのが最適なのです。

「英語の論理構造」あるいは「コミュニケーションストラテジー」

夏休み最終週で行っているオルセー美術館公認のリマスターアート展に話を戻しましょう。このオルセー美術館には個人的に結構思い入れがあって、実はグローバルということを考える上でも示唆に富んでいると思うのです。

というのは、この美術館は印象派の画家の絵が多く所蔵されていて、その代表格であるモネは、ジャポニズムの影響を強く受けています。当時は画家同士が双方の国を行き来する機会などほとんどなかったのに、遠い異国である日本の浮世絵などが、印象派の画家に影響を及ぼしているということにとても興味をそそられるのです。

つまり、グローバルというと、海外に出かけていって英語でビジネスをするといったステレオタイプな見方があるのですが、人が行き来しなくても、物や文化を通して伝わることがあるということを、印象派の絵を見ると思い起こさせてくれるわけです。

『菊と刀』を書いて、日本文化論の決定的プロトタイプをつくったルース・ベネディクトも、実は一度も日本に足を踏み入れたことはありませんでした。米国で手に入る膨大な文献と在米日本人へのインタビューをまとめあげたのです。

さて、グローバルということが話題になるとき、欧米に比べて日本はまだ遅れているとか、どっちが上だとかいった観点で話をする人がいますが、ここには序列の価値意識が横たわっています。

欧米コンプレックスのような感覚は英語を話すという場合にも見られることで、きれいに発音しないといけないといった思いで逆に話せなくなっている人も結構多いのではないでしょうか。しかし、考えてみれば、英語が第一言語の国がそれほど多いわけではありません。世界ではいろいろな英語が話されています。

今の時代は、英語を学ぶ環境は非常に恵まれています。気軽に海外旅行に行ける時代ですから相手が外国人であっても全然臆することなく英語で話をしている若者も多い。今の若者は「内向き」だなどと批判する人もいますが、むしろ海外に出ていく必要を感じないのでしょう。それほど、英語や異文化が身近に感じられる時代になっているわけです。

では、そういう時代に英語を学ぶ意味というのはどこにあるのかというと、そのカギを握るのが、本章で語っている「ランゲージアーツ」だと考えています。

高校の新教科である「ランゲージアーツ」のコンセプトは、英語を母国語としている人たちが「国語」として学んでいるものを身につけることを目的にしています。「英語の論理構造」あるいは「コミュニケーションストラテジー」といった、国際的な場で対話や議論をしていく際に必要となる技能を身につけようということです。

本校のパンフレットで"I think … , because … ."が言える生徒を、と標榜しているのは、このフレーズが英語のロジックを端的に表現しているからです。欧米の社会というのは、自分の主張を言っていかないと通用しない。一方で日本人は相手を妙に気遣う。情緒的なコミュニケーションを行えばなんとかなってきました。しかし、グローバル社会では、戦略なきコミュニケーションは、話が通じないと覚悟を決める必要があります。

話をする場合だけではなく、英語の長文読解などをする場合もそういう論理構造に気付けるかどうかが文章理解に大きく関係してくるのではないかと思います。英語を通してコミュニケーションストラテジーを考えるというのは、２０２０年の大学入試問題においてもますます必要になります。

主張するための感性

そして、この英語的な発想と論理構造は、実に関係が深いのです。言語学者でないので、学問的な話はできませんが、英語は主語文化です。日本語は述語文化です。有名なアリストテレスの三段論法では、「すべての人間は死すべきものである。ソクラテスは人間である。ゆえにソクラテスは死すべきものである」となります。

ところが21世紀型教育を予測していたような学際的な文化人類学者グレゴリー・ベイトソンは、「草の三段論法」という矛盾を提示します。

「草は死ぬ。人は死ぬ。ゆえに人は草である」というアリストテレスの三段論法、つまり西洋の発想法では、矛盾です。草も人も死ぬからといって、同じグループでないものは同じにはなれないのです。

ところが、日本の発想では、草にも人にも目が集中することはないのです。述語の「死ぬ」というところに深くはいります。すると同じ述語の中に内包されていきますから、死ぬものとして草も人もいるのなら、生きとし生けるものみないっしょではないかとなってしまいます。

西洋の発想法は、主語の徹底的な相違を求めることが大前提です。日本の発想は、述語に組み込まれていくことが大前提です。前者は主語がトピックになります。後者は述語がトピックになります。

ベイトソンは、実は「アリストテレスの三段論法」が正しくて、「草の三段論法」が矛盾するから間違っているということを言いたいのではありません。その背景の論理が違うよ、「理論負荷性」をきちんと理解すると、ジレンマやパラドクスなど文学的な次元の言語技術を学ぶことができると語っているのです。

ランゲージアーツというのは、このような背景をクリティカルシンキングによって明快にしていき、その背景の違いを逆手にとって文学や絵を創作することなのです。ゴーギャンは、まさに日本やタヒチなど西洋の発想法とは違う文化を逆手にとって、後期印象派の金字塔的な作品を世に残しました。

かくして、自分の主張をするという場合に大事になるのは、この言語の背景にある、あるいは言語化する前の「感性」の部分を呼び覚ますことです。発想法の背景の違いをズラすのか、百八十度転換させて活用するのか、そのバランスを感じ取るのが感性です。

このバランスのとり方で、皮肉にもなるし、パロディーにもなるし、笑いにもなります。しかし、その背景に気づかず、自分の主張ばかりでは、対立したまま終わってしまいます。「ロジカル」に説明していくにしても、発想法の違いをどのように活用するのかという感性を豊かにあるいは繊細に活用することで、自分とは異なる存在である他者と自分とを活かしていくことが可能になります。

21世紀型教育は「コラボレーションが大切だ」などと言われますが、ロジカルな表現を組み立てる大前提の感性を研ぎ澄ますことがとても重要で、グローバル教育を考える上で、最も大切にしなければならない領域です。従来の日本の教育では、感性の違いを考える必要がなかったため、感性を研ぎ澄ますことがなかったのです。教室の中の感性劣化が起きていたのかもしれません。

知識とは思考だった。思考とは知識だった

ランゲージアーツはたんなる言語技術ではないという発想は、知識がたんなる覚えるためのものではなく思考そのものでもあるという発想を裏付けます。

一つひとつ知識を丸暗記するような学習を中高6年間で行って、大学に合格すればよいという極端な私立学校はほとんどないですが、どうしても知識とは記憶するというイメージが強く、思考するというイメージはほとんどなかったというのがこれまででしょう。

しかし、ブルームの6段階のタキソノミー（思考を「知識」「理解」「応用」「論理的思考」「批判的思考」「創造的思考」に分類）のうち、前半の3つが“Lower Order Thinking”、後半の3つが“Higher Order Thinking”と呼ばれているように、1段階めの「知識」も高次思考ではないけれども、思考の領域に分類されているのです。

米国出身のブルームもランゲージアーツという文脈で学習理論を創っていますから、当然知識も思考につながっているのです。

実際、ブルーム他著の『教育評価法ハンドブック』（梶田叡一他訳　1973年　第一法規出版）を読むと、驚くべきことがわかります。

ブルームも知識の認知活動を“Remembering”と言っていますから、知識を再現することや再認することを「知識の次元」としています。しかし、その「知識の次元」はさらに3層構造になっています。（1）個別的なものに関する知識、（2）特定のものを扱う手段・方法に関する知識、（3）一般的、抽象的なものに関する知識、がそれです。

それぞれは、さらに詳細に分岐するのですが、ここではそこまで言及するとあまりにも専門的になりますから、この3つで考えることにしましょう。

「個別的なものに関する知識」とは、たとえば「三角形」を思い浮かべてみてください。

二等辺三角形もあるし、直角三角形もあるし、直角二等辺三角形もあります。まずは、その名称が、端的な「個別的なものに関する知識」です。それから、二等辺三角形などそれぞれの三角形となる特徴を表す術語もこの知識の範囲です。

ところが、二等辺三角形や直角二等辺三角形を描くとしたらどうなるでしょう。これが「特定のものを扱う手段・方法に関する知識」です。この手段・方法に関する知識があるかどうかを試すテスト問題が、面積や辺の比を求めるような問いかけです。

さらに、三角形の一般的な定義やルールについて述べよというテストはどうでしょう。二次元の平面に、3点を結んでできる図形で、内角の和や合同の条件、相似の条件として頂角の関係など述べることはできます。これはすべて「一般的、抽象的なものに関する知識」ではありますが、関係性を証明しなければ想起できないという意味では、再認や再現も“Lower Order Thinking”に入れてもよいのではないかとなるわけです。

もっとも、ブルームは、だから、単純に知識をできるだけ思考を介在しないで想起できるかどうかを試すのであれば、「個別的なものに関する知識」を問うテスト問題を作るべきだと考えていたような節がありますから、もしかしたら、このあたりから、現場で「知識」と「思考」は違うというイメージが定着してしまったのかもしれません。

ブルームは、テストのときに、端的に個別の知識を憶えていなくても、一般化の知識から推測して解答することができる問題を知識問題としないように厳密にセーブしようとしたに過ぎなく、知識の活動に思考が必要であることは認めていたのです。

さて、この三角形の3層構造の「知識の論理」を想起できる状況になれば、同じように四角形や五角形、多角形の「理解」も可能になるでしょう。このタキソノミー2段階の「理解」が可能になれば、いよいよそれらが、土木工事や天体観測などに実践されていることもわかります。この段階がタキソノミーの3段階めの「応用」です。日本語では「応用」と訳されていますが"Application"という用語がでてきますから、「適用」とか「活用」と言った方がよいかもしれません。

こうして、幾何学のルールを活用して様々な図形を丸ごと認知する段階である「論理的思考」の次元が、子どもの思考の中に生まれます。ところが、あるとき、下敷きなどに三角形を描いて、下敷きを曲げたときに、ここまでの三角形の知識が一変します。おそらく非ユークリッド幾何学とか、トポロジーとかが生まれてくる糸口だったでしょう。これが「批判的思考」へのジャンプです。

ドーナツとマグカップが同じ図形だという発見は、もはや第1段階の知識次元では想像もできなかったことでしょう。

ここまでくれば、キュビズムやトリックアート、錯覚の心理学などタキソノミー最終段階「創造的思考」の次元に突入するのはもうすぐです。

そして、ここまで到達したものは、知識に転化し、第1段階の「知識」のデータベースに蓄積されていきます。この意味で、思考は知識のメタモルフォーゼというわけなのです。

知識は思考であり、思考は知識だったということなのです。2020年大学入試問題も知識は扱われますが、各大学個別の独自入試においては、その知識から背景にある理論に進める思考力そしてその理論を批判し新しい理論を創造するまでの思考力が問われるようになる時代がやってきました。

TOK

IB（国際バカロレア）のディプロマ（DP。16歳から19歳までを対象とした大学入学資格）プログラムがあります。このプログラムの成績いかんによって、世界大学ランキング上位の大学に進めるかどうか決定されるぐらい重要な国際的に最も高い評価をうけているプログラムです。

このDPの中にTOK（Theory of Knowledge）という教科があります。IB機構から決して「知識の理論」という日本語にしてはいけないとされています。ここでも"Knowledge"

は単なる知識ではなく、思考とか認識という意味を含んでいます。ですから、「知の理論」と訳されるのが通例です。

かえつ有明では、ケンブリッジ大学を卒業し、哲学を専攻したアレックス・ダッツン先生を中心に、このTOK型授業を実施しています。私たちは「哲学授業」と呼んでいるのですが、私も哲学対話を行っているのでダッツン先生のTOKと共通するものがあるのではないかと思い、あるときインタビューしてみました。

石川：私は始業式でアクティブ・ラーニングをしてみたり、たまたま居合わせた生徒たちとソクラテス対話をしたりしています。ダッツン先生は、TOKの授業をずっと担当していて、哲学を授業に取り入れていますね。まず、ダッツン先生が哲学の授業を重視しているのはなぜでしょうか。

ダッツン：哲学的な問いというのは、信じられないほどのパワーを発揮するものです。あらゆる問いの中で最も深く、興味をかきたてるものです。ですから、授業に哲学を取り込むことで、生徒が持っているエネルギーを引き出し、生徒がおもしろいと感じる何かにつなげることができると思うのです。

石川：そのようなパワフルな問いとは、たとえばどういう問いですか？

ダッツン：「神は存在するのか」とか、「人は自身の行為を選ぶ自由な主体だと言えるのか」といった問いです。私たちは自分の行為を自分自身で選んでいるように思っているけれど、もしかしたらたとえば広告の影響を受けているだけなのかもしれないし、また、脳科学のある研究によれば、自分が判断を下すよりもほんの少し前に、ニューロンが生化学的な反応を起こしているという説もあるようです。もしそうだとすれば、自由意志によって行動を決めているということは疑わしくなってきます。

石川：なるほど。決定論か自由意志かという問題ですね。これは確かにパワフルです。そういう問いについての議論というのは、イギリスの中学生や高校生は皆が当たり前のようにするものなのですか。

ダッツン：はい。たいていは「宗教」とか「社会」といった科目の中の一部分として学びます。あるいは「シチズンシップ」という授業かもしれません。「シチズンシップ」は、良い市民とはどういうものかとか、どのような責任を負うべきなのか、などについて学ぶ授業です。また時には哲学の特別授業で扱うこともあるし、とにかくカリキュラムのどこかにはそのような哲学的議論が入ってきます。

哲学的議論で大切なことは科目的な知識を学ばせるのではなく、どのように議論をするかという方法を学んでもらうようにすることです。

そのために先生は、手順を示すことに専念するべきです。トピックを考え、どういう問いから出発したらよいかを考え、その次にはどういう質問をしたらよいか。そして、授業のあるポイントにおいて、どちらの問いがより適切かといったことを考えるのです。

石川：問いの流れということでしょうかね。

ダッツン：そうです。流れが大切です。というのも、哲学の授業は、前もって計画を立てることは実際にはできませんから。生徒がどこでどう言ってくるか、どんな経験を話してくるかということは予測できません。そこで、ひたすら彼らの言うことに耳を傾ける態勢を整える必要があります。そして正しい質問で対応することができるようにするわけです。もしここで、間違った質問をしてしまうと、生徒が沈黙してしまったり、議論が様々な違う方向へと進んでいってしまったりするでしょう。ですから、授業のそれぞれのポイントで、どういう種類の問いをするべきかについてわかっていないといけません。これはとても難しくて、私は今でも時々間違った問いを出してしまいます。

石川：生徒の答えが正しいかどうかの判断はどこで出てくるのでしょう。

ダッツン：これは「私の」判断ということではないのです。先生が生徒の答えをよいかどうか判断するというのは決してするべきではないと思います。もし、先生が生徒の反応を判断してしまうと、彼らは先生が持っている答えを探って、その意見を繰り返すことになり、本当の議論をすることにはつながらないでしょう。彼らがそれぞれに自分の意見を引き出し、それを彼ら自身が比較していくことが大切です。

哲学的な問いにおいては、すべての答えが正しいということはありません。間違った答えと正しい答えがあります。ただし、正しい答えは一つとは限りません。答えが正しいかどうかの判断は、この答えは筋が通っているかどうかと考えてみることです。

私は、よくクローズドクエスチョンで授業を始めます。たとえば、「こういう状況で、○○さんがしたことは英雄的だったと言えるだろうか」などといった質問をします。答えは、「そうだ。英雄的だった」か「いや、そうではなかった」という2つに分かれますね。そこから「なぜ」と問いかけます。授業の始まりでは、生徒が皆で共有できるようにできるだけ多くの答えが出るようにします。しかし、そのあとは、様々な答えの中で、どれがより筋が通っているか、どれがよい答えか、どの意見はそれほどよくはないかということについての議論をしてもらうのです。そこでは先生は決して自分の意見を言ってはいけない。生徒に自分達の意見の善し悪しを判断させ、生徒自身が結論にいたるようにするのです。

石川：生徒はどんなふうに善し悪しの判断基準を形成するのでしょうか。

ダッツン：難しい質問ですが、こんな例はどうでしょうか。肉を食べるというトピックがあるとしましょう。「肉を食べることは果たしてよいことだろうか」と質問するとします。誰かは「いやだめだ」と答えるかもしれません。「動物にも命がある。その肉を食べることでその動物の命を縮めてしまうのだから」と理由を言ったとしましょう。それに対して「なるほどいい答えだ」と思う人もいるでしょう。最初はそんなふうに感じることもあるかもしれません。そこでは肉を食べるのはよくないことだという考えは筋が通っているわけです。

そこでこんな質問をするとします。「ある豚は自分がとても美味しいお肉として食べられることが使命だと考え、心からそう願っている。そういう場合はどうだろう。それでも肉を食べることは間違っているだろうか」と。そうすると今度は肉を食べるのはよくないことではないかもしれないという考えの方が筋が通っていると感じるようになるかもしれません。それでも肉を食べるのが間違っていると答えるのであれば、今度はまた別の理由を考え直す必要が出てくるわけです。

石川：ダッツン先生がそういう質問をする際、そこにはどういう考えがベースになっているのでしょうか。

ダッツン：私は哲学には3つの分野があると考えています。形而上学、認識論、そして美学です。形而上学というのは、存在についての学問、認識論は、世界について私たちが知り得ることに関する学問、そして美学というのは、価値や判断についての学問で、ここには倫理学も含まれます。私の授業のアイデアは、こういった伝統的な哲学的な問いから来るもので、それは人類が約２５００年にわたってずっと考えてきたこの３つのカテゴリーのものと同じなのです。

石川：なるほど。この３つのカテゴリーは、カントの分け方に似ていますね。ダッツン先生の授業にカントは関係しているのでしょうか。あるいはイギリスの思想家としてはどういう人が哲学授業のベースにあるのでしょう。

ダッツン：倫理に関することではカントを参照しますね。「あなたの行動原則が普遍的な原理として成り立つように行動しなさい」という有名な言葉を引いて、ある一つの状況について考えてもらうということをするかもしれません。

イギリスの思想家としては、ヒュームやロックを参照します。ヒュームは因果関係や、科学の客観性を考える文脈で持ち出すことがあります。ジョン・ロックは、知覚とか実在について考えたいときに参照します。哲学者にはそれぞれの関心領域というものがあり、すべての哲学者を持ち出すことはできませんから、トピックに合わせてそれにふさわしい哲学者の考えを参照するのです。

石川：以前に体験授業を覗いたときに、子どもたちを前にして、船のアイデンティティについての授業をしていましたね。デカルトなどの哲学者の名前が挙がっていたと記憶しているのですが、あれはどういう意味だったのでしょう。

ダッツン：私が哲学者を引き合いに出し、彼らの考えを提示するのは、いつも授業の終わりの時間です。もし授業のはじめに提示してしまえば、子どもたちは自分で考えずにその哲学者の考えに合わせようとしてしまうでしょう。なぜ私がデカルトやアリストテレスなどの哲学者の考えを提示するかというと、それは、子どもたちが考えたプロセスというのは、かつて哲学者が考えたことと同じなのだということを伝えたいからなのです。

「船の部品が変わったのだから、船は違う船になったのだ」とか、「部品が変わっても同じ設計だから同じ船だ」などと子どもたちが答えるとき、それはまさにアリストテレスや他の哲学者と同じようなプロセスを考えたということで、私はそのことを子どもたちに伝えてあげたいのです。もっとも、哲学者は少しばかり「洒落た」言葉遣いをするという違いがあるわけですが。

石川：哲学者の名前が出てきて、いったいどんな思想を教えているのかと疑問に思っていたのですが、今ようやく謎が解けました（笑）。

ダッツン：哲学授業というのは、いつもシンプルに始まるのです。わずか2～3分ほどの短いお話に、哲学的な深い問いを盛り込むことができます。でもそれは最初は隠されているのです。私はそれを言いません。そして、「どんなお話だったか」などと質問を開始します。「この話にはどんな意味があるのか」などについて議論が始まります。そのうち誰かが、「待てよ、どうも変だ。筋が通らない。もっとここのところを知りたい」とか、「なぜこの人はこんなことをしたのだろう」といった疑問が出てきます。そこから議論がだんだん広がっていくのです。

船のアイデンティティのような話は、トマス・ホッブズやプラトンも書いています。しかし、細部まで立ち入って読もうとすると生徒には少々難しいですから、私はそれをもっとシンプルな形に焼き直します。

1970年代以降、こういうふうに哲学を教育に入れていこうという動きがアメリカで起こってきています。イギリスでもこの5〜10年ほど、そのような動きが目立っていて、7歳から12歳の生徒を対象に、哲学を取り入れた授業が行われています。そしてそういった授業が成果を上げているということも大学などの研究によってわかってきています。

石川：具体的にはどのような成果を上げているのですか。

ダッツン：一番大きな成果は、生徒たちが自分で判断をするようになるということです。何に関してもです。たとえば、ニュースを見て、「この報道は偏っている。必ずしも真実を伝えていない」などと考えるようになるのです。

授業では、円を作るように座り議論をします。様々な意見を聞き、どれがよりよい意見なのかを考え、自分の考えを述べます。そういうことをして1年とか2年が経つうちに、やがて、そのプロセスが自分の内部に起こるようになります。そして何かを読んだり見たりするたびに、「このことは道理に合っているだろうか」とか「このことは自分が教わったことに合っているのだろうか」とひとりで判断するようになるのです。

石川：日本の子どもたちを教えていて、そのことは同じように当てはまりますか。それとも難しい面もあるのだろうか。

ダッツン：日本の子どもたちは、協調性とか「和」を重視するように教わってきているから、文化的な要因のために最初は難しいことがあります。しかし、何ヵ月かすると自分でやるべきことがわかってきて、徐々にではあるけれど向上していきます。

インパクトのある対話でしたので少々長くなりましたが紹介しました。思考のツールやスキルも大切だけれど、それは思考を引き出す問いの流れを、生徒と対話しながら組み立てていけるかどうかが前提であるとダッツン先生は言います。対話は、思考を引き出します。それには、問いを編集する能力を教える側が身につけるべきだと痛感させられたのです。もし思考を引き出す問いの編集能力で、アクティブ・ラーニングを実践したなら、同時に生徒も自ら新たな問いを見出して思考を深めていくだろうという想いにいたりました。

そうなれば、2020年大学入試問題は難なく解いていけるでしょう。実際、そういう能力のある教師が担当しているクラスの生徒は、自ら学びのワークショップの企画を立てて授業を教師といっしょに組み立てるぐらいになっています。やはり、これなのだと確信したのです。

英語入試改革とTOK

TOK（知の理論）型授業が、創造的思考力を必要とする「各大学個別の独自入試問題」に有効であると話してきました。TOEFLをはじめとする民間の資格・検定試験にシフトするという英語入試改革にも、実はTOKは有効なのです。

TOKはランゲージアーツと哲学的な素養の両方を養います。我が校の場合は、TOK型授業は帰国生のクラスを中心に行っていますから、オールイングリッシュの授業です。帰国生には、直接TOEFLなど4技能（「聞く」「読む」「話す」「書く」）をテストする資格試験にも役立ってしまいます。もともと帰国生であれば、「読む」「聞く」は、できます。

しかし、「話す」と「書く」は、そう簡単ではありません。「話す」「書く」の問題形式は、「独立型問題」と「統合型問題」の大きく分けて、2つの形式があります。「独立型問題」というのは、たとえば、学生時代の思い出について、理由も含めてスピーチする問題です。

なんのことはないと思うでしょうが、考える時間は15秒です。そして語る時間は45秒です。つまり、ふだん対話している時の感覚や雰囲気を前提にしています。日頃から英語で対話していなければできませんが、これが日本語だとしても45秒で話すというのは実は意外と厄介なのです。

「統合型問題」というのは、短い課題文を読んで、それについての対話を聞いて、問いに答えるという、4技能が統合されて、「話す」という表現をする問題です。たとえば、大学の学生会が買ったものについての文章を読んで、さらにその良し悪しについて語り合っている男女の対話を聞くのです。それから、30秒考えて、60秒で自分の考えを話します(ETS サイト "Inside the TOEFL® Test - Speaking Questions" より)。「書く」問題も同じような形式ですが、内容は時事的な問題など社会について考える問題になります。「話す」という行為は、日常的なレベルであり、「書く」という行為は、社会の一員としての市民的なレベルということでしょう。

それを母国語と同じような速度で考えなさいというのがTOEFLをはじめとする民間

の資格試験なのです。

２０２０年大学入試改革では、このようなテストを活用しようということですが、日本語で解答する「各大学個別の独自入試問題」も、内容はもう少し高度になりますが、同じ言語能力を要するということなのです。

したがって、ＴＯＫ型授業は、帰国生の英語の授業だけではなく、一般の授業でもさらに取り入れていきたいのです。ランゲージアーツとしての日本語と哲学的ものの見方を展開していくことは２０２０年大学入試問題にストレートに役立つことですから。

英語も思考力重視

"Theory of Knowledge"の略であるＴＯＫを、「知識の理論」と訳すと、今までの入試問題で多数出題されてきた「知識問題」を解く理論だと誤解されるために、「知の理論」と訳されていたということは先に語りました。

文部科学省は、今回の大学入試改革及び学習指導要領改訂作業に入る前に、グローバル教育をリサーチし、そこで真剣にＩＢ（国際バカロレア）も研究しました。そのとき、ＴＯＫに出会い、衝撃を受けたようです。

知識とは、暗記のためのものではなく、思考そのものだったのか！　世界のグローバルスタンダードの教育は「思考力重視」だったのかと今更ながら驚愕し、舵を切ることに本気になったのです。

そして、TOKの教科書を開いて、最初のページに、「知識とは何か?」と問われて愕然としたはずです。IBを学ぶ生徒は、こんな根本的なところから学ぶのだと。なぜだろう? 文部科学省は悩んだに違いありません。

上智大学の教授陣は、文部科学省の様々なワーキンググループのメンバーに駆り出されていますが、英語入試改革や思考力問題に関して影響を与える重鎮がそろっています。

そういうこともあるでしょうか。2015年度の海外帰国生の哲学科の入試問題は「正しい知識」とは何か論じなさいという問題が出題されました。「知識」の問題であるのに正解は一つではないという挑発的問題です。「知識」を多角的に考えよという問題です。

TOEFLの「書く」技能を診断する問題のように、次のような短い文章を提示し、これを参考に考えます。

《自然は人類を苦痛と快楽という、二人の主権者の支配のもとにおいてきた。われわれが何をしなければならないかということを指示し、またわれわれが何をするであろうかということを決定するのは、ただ苦痛と快楽だけである。一方においては善悪の基準が、他方においては原因と結果の連鎖が、この二つの玉座につながれている。苦痛と快楽とは、われわれのするすべてのこと、われわれの言うすべてのこと、われわれの考えるすべてのことについて、われわれを支配しているのであって、このような従属をはらいのけようとどんなに努力しても、その努力はこのような従属を証明し、確認するのに役だつだけであろう。ある人は、ことばのうえではこのような帝国を放棄したように見せかけるかもしれないが、実際上は依然としてその帝国に従属し続けている。功利性の原理はそのような従属を承認して、そのような従属をその思想体系の基礎と考えるのである。そして、その思想体系の目的は、理性と法律の手段によって、幸福の構造を生みだすことである。》

従来の「知識」の問題だと、まず、この文章は誰が書きましたかと問うところでしょう。功利主義者ベンサムの文章ですが、そんなことは問いかけません。この上智大の入試で問うている「正しい知識」は、この文章で語られている「功利性の原理」がもしかしたら正しくないのではないかとクリティカルシンキングを発揮して考えよということです。

苦痛と快楽の帝国からは逃れられないのだから、その中で幸福の構造をつくることが「功利性の原理」という「知識」ですが、そもそも上智大学のようなカトリックの思想では、苦痛は神から与えられた受難であって、それは幸いです。快楽は逆に自己中心的で望ましくありません。知識の背景にある価値観によって知識は正しくもなり正しくないものにもなるのです。

この知識の背景の価値観をどう考えたらよいのか？　それには、サンデル教授の語るように「軸」を「自由主義」に置くのか、「普遍主義」に置くのか、「功利主義」に置くのか、「最高善」に置くのか、徹底的にクリティカルチェックするＴＯＫ型アクティブ・ラーニングが有効になります。

この授業は、文科系の授業のみならず、理系の授業でも有効です。「大学入学希望者学力評価テスト」では、数学は事象から抽象的な数学的思考を導き出していく問題が増えると第1章で紹介しましたが、「各大学個別の独自入試」では、根本的な概念を考える問題も増えてくるでしょう。

たとえば、２０１５年度上智大学理工学部の帰国生の入試問題です。

《偶数と奇数の和は常に奇数になる事を示せ》

60分で3問出題されているうちの一つで、解答手続きとしては一見簡単ですが、もっとも根本的な問題です。ただ示すだけだとしたら、小学生でもできます。しかし、「常に」

とありますから、具体例で示すのではなく、抽象的に示す必要があります。

しかし、それも中学校の既習事項ですから、なぜ今さらということになりますが、結局、「常に」に注目すれば、その条件をどう論理的に構築するのかという「クリティカル／クリエイティブシンキング」が必要になります。

偶数を2nと表現するにしても、nは自然数なのか整数なのか？「0」は偶数なのか奇数なのかその根拠は何か？　奇数は2n－1と表現するのか2n＋1と表現するのか？その根拠は何か？

日本の従来の教育では、公理や定理、公式が構築される以前の概念的な学びはほとんどなされてこなかったのが現状です。TOKとは「知識」を「知識」たらしめている条件をクリティカル／クリエイティブシンキングする教科です。いわば、「知識」のアイデンティティを問う教科なのです。"Who are you ?"を問い続けるグローバル教育の思考様式からすれば、この領域の問いを出題するテストになるのは、必然なのです。

2020年の大学入試問題において、文部科学省は、このようなグローバルな視野を取り入れてしまったのです。

第6章　教養知識から創造的教育へ

人を自由にする学問

　これからの世の中で起こってくる問題は、従来の枠組みでは解決できないものばかりです。地球規模で見れば、環境問題やエネルギー問題、日本国内でも、少子化や高齢化社会の問題あるいは財政問題など、複合的な要因が絡み合い、解決の糸口すらつかめない。このことが若い世代に及ぼす影響というのは非常に大きなものがあると思います。我々大人は、何とか逃げ切り可能な世代に属しているかもしれないが、子どもたちはそうはいかない。待ったなしの問題なわけです。

　そういった未知の問題に対処する上で大切になるのが、リベラルアーツ的な学びです。というのも、今述べたような問題というのはいずれも対症療法的に解決できるものではなく、本質を見据えて他の人と協働しながら解決を図っていくものだからです。当然ここでのリベラルアーツというのは、ため込んだ知識をひけらかすような従来の教養主義的なものではありません。ましてや、性急に知識を求めることではあり得ない。言わば、普遍性を志向する態度だと言っていいでしょう。

こういった態度が、やがて価値観の違う人とも通じ合えるプラットフォームを形成していくことになるのです。専門分野に進む前段階である中高生時代に、このような人間形成をしていくことは非常に重要だと言えるでしょう。

今の若者たちは、自分が世の中に貢献できるかどうかということを学部選びや仕事選びの指標としているケースが多いと感じます。これは今の時代の特徴であるとも言えますね。つまり、人と比較して自分の相対的なポジションを求めるよりも、自分の価値観に基づいて、社会にコミットしていきたいと考える人が増えているのだと思います。

そういう時代においては、真の自分を形成するリベラルアーツが重要になるのは当然です。リベラルアーツの歴史を古代ギリシャやローマの時代に遡っていくと、言語的な科目と数学的な科目に大別されます。この2つが重要視されるのは、数学は普遍性を追い求める思考に通じますし、言語は人と社会とをつなげるための技術だからでしょう。現代の諸問題を考える上でも、この2つはとても大切な能力になります。

大学入試改革の中で、文理融合や多面的な評価の必要性が叫ばれているのは、もっともなことです。問題はそれをどのように実現するかで、知的好奇心を育むには、ただ放っておけばよいということではないはずです。興味を引き出す授業、そして先生の存在が欠かせません。テストや評価も変わらざるを得ないでしょう。私たち自身も変化し、学び合うことを通じて、生徒に新しい学びを提示していきたいと考えているのです。

新しい学び。それは新しい自分の未来を拓くことであり、人を自由にする学問としてのリベラルアーツに相通じるものがあるはずです。

自由7科とは何か

リベラルアーツは、プラトンやアリストテレスの学問研究を反映させているぐらいですから、遠く2500年前のギリシャ時代からあり、今も続く普遍的精神です。

なぜ今も続くのか？　それは現在の国家という組織の構造のプロトタイプがギリシャの都市国家だからだと思います。

都市国家が成立するには、狩猟生活という狩や闘争、そして移動中の生活などの道具が物質文明として発達する大前提があります。

その物質文明が、持続可能な人間の定住生活にシフトして都市国家に結実するには農耕社会の誕生が必要です。定住生活は自給自足の効率はあまりよくないですから、どうしても交易をしなければならなくなります。

今のように国際法があるわけではありませんから、交易するには共通のモノサシやルールを創っていかなければなりません。貨幣経済が生まれてくると、その信用システムを守る組織が誕生します。それが都市国家です。もちろん、野蛮な都市間の闘争は、今日に続く国際的競争や戦争のプロトタイプです。

さて、そこで都市を守る自己犠牲的な忠誠心が必要になりますが、それを宗教や学問で育成することになっていくのです。損得勘定の雇用兵では、いつか裏切られるかもしれません。内発的な「いざ鎌倉」のような精神文化を生み出すには、教育が必要だったのです。

この教育がリベラルアーツで、自由7科で構成されていたのです。文法学・修辞学・論理学の3学、および算術・幾何・天文学・音楽の4科です。3学はランゲージアーツで、4科は、サイエンス・マスだと考えてよいでしょう。天文学は円運動、音楽はハーモニーを今でいう数論的にとらえていたのではないでしょうか。

もっとも、この考え方は、学問的ではありません。私なりの歴史観で推論すると、こうなるのではないかということでお許しください。ランゲージアーツとサイエンス・マスのプロジェクト科をリベラルアーツ教育として展開していこうという私のアイデアに過ぎないのです。

ただ、現代音楽でも、黄金比やフィボナッチ数列は、音階として応用されていると聞き及びます。黄金比は美術や建築などにも活用されていると言います。どうも連綿とこの普遍的精神は受け継がれてきたのではないかと妄想が広がります。

そして、物質文明の次にこの精神文明ができるには、宗教や学問という自由な領域がどうしても重要だったのでしょう。そういう生活の知恵として、「自由7科」によって人は経済から自由になる生活を目指したのでしょう。ですから、かつてのリベラルアーツには奴隷制度が背景にあります。一部の人間が自由だったに過ぎません。

私たちの時代は、その限定的な普遍的精神を開放する教育の時代なのかもしれません。グローバル教育の本当の意味はここにあるのではないでしょうか。

産業革命、技術革新によって、奴隷的存在は民主主義国家においては存在しません。しかし、いまだに格差があるわけです。すべての子どもの才能が開花する教育ということは、すべての人を自由にする教育ということにつながるでしょう。

文系でも理系でもない

2015年6月に、文部科学省が国立大学向けに出した人文系の組織再編を促す通知の波紋がなかなか収まらないそうです。同省は「人文系切り捨てではない」と理解を求めていますが、学術団体が抗議声明を発表したり、一部の英字紙が「日本の大学が教養教育を放棄へ」と海外で発信するなど、「誤解」はなかなか払拭されないようです。

久しく就職不況の現状にありながら、「就職率１００％！」とメディアで話題になった秋田県にある国際教養大学の誕生はインパクトがありました。米国のリベラルアーツ・カレッジを見本にした教育であり、文系理系ではなく、文理に共通する教養をベースにする大学教育が企業が求める人物育成にマッチしたと言われています。

しかしながら、米国のリベラルアーツ・カレッジは、どこも学生獲得に苦労をしないかというと、ＩＴ技術やＭＢＡの技術を学べる実学志向の大学にシフトしている流れをなかなか止められないでいるのも事実です。

ですから、文部科学省、というより経済産業省などは、国際教養大学をモデルにしたり、人文系の組織再編をして、実学志向の大学を想定したりしているのでしょう。

一方で、２０２０年大学入試改革では、「高等学校基礎学力テスト」と「大学入学希望者学力評価テスト」を設定し、文理の知識というよりは、学力の３要素「知識・技能」「思考力・判断力・表現力」「主体性・多様性・協働性」を重視する流れになっているわけです。

明らかに英国の教育制度がモデルになっています。そうすると、高大接続システム改革は、英国同様、高校までにリベラルアーツも終えて、大学からは専門性の強い学科に進むということは織り込み済みなのかもしれません。

文系・理系はやはりどの先進諸国も、官僚と民間という20世紀官僚近代社会のシステムにマッチングして設定されていたというのが本当の話です。それはギリシャ時代の都市国家の奴隷制と貴族の関係によってリベラルアーツが生まれたのと同じ発想でしょう。

麻布の前校長の氷上信廣《ひかみのぶひろ》さんが新教養講座を創ったとき、この「新教養講座」には、21世紀社会を創り支える「未来のリベラルアーツ」という意味がこめられていたのだと思います。そして、明治維新で誕生した官僚主導の近代日本の教育をクリティカルチェックして「近代の光と影」の影の部分をなんとか払拭しようとコミットしてきた同じ「私学の系譜」として、「未来のリベラルアーツ」をデザインすることが私の志なのです。

リベラルアーツ教育には、ランゲージアーツとともに思考スキルや思考ツールが欠かせません。思考スキルとは、最終的にはクリティカルシンキングになりますが、その高みに上るまでに、我が校では「フィールドワークの方法」「リサーチの方法」「ディスカッションの方法」「レポートの書き方」「プレゼンテーションの方法」などを中学1年生段階ではシンプルに組み合わせて、中学3年生になるにつれて複雑に融合していきます。

その方法をシステマチックに実際に使っていくには、一貫した論理の骨格が重要になります。その論理の骨格をつくるための思考のツールが、すでに第1章・第3章でご紹介した「コンペア・コンントラスト（比較・対照）」「コーズ・エフェクト（因果関係）」「カテゴライズ（分類）」という視点を言語化したり、グラフィックオーガナイザーというマインドマップで見える化したりしていくツールです。

生徒は、それぞれの自分軸にしたがって、思考の方法や思考のスキルを組み合わせますから、その二重らせんによってできあがる遺伝子は個性を表現するものになるのです。興味のある対象を調べるために、フィールドワークより実験リサーチに重点を置いたり、その逆だったりするわけですから、最終的なアイデアは、生徒独自のものが生まれてくるわけです。

この独自のアイデアをどの専門領域で活かしていくのかを考えたとき、文系か理系か進路が明快に見えてくるのです。文理融合というのはランゲージアーツ、思考スキル、思考ツールによって生成される思考のDNAを創り出すことを意味しています。

ヨーロッパの教育に学ぶ

2015年4月、我が校からもほど近いお台場で、フィンランドで行われているスタートアップイベント「SLUSH（スラッシュ）」のアジア版が開催されました。日本で初めて行われたというので、記憶に残っています。

起業家やイノベーターのためのイベントで、フィンランドで大学の起業家サークルの仲間たちが2008年に始めたのが、あっという間に規模が大きくなったらしいのです。フィンランドは、ノキアが日本のソニーのようになっていたので、元気がなくなったかのように思っていたのですが、若き起業家が活躍しているのだと思います。

そのイベントの代表でフィンランド人のソンニネンさんは、日本で開催するとき、言語は英語でいくと決めたそうです。日本の起業家は英語が苦手だから通訳やプロンプタを用意しようという意見のスタッフもいたそうです。

しかし、フィンランドではじめたとき、英語が苦手なフィンランド人スタッフも大勢いたが、今ではMC顔負けの英語でトークできるスタッフが出現している。だから、必要であればチャレンジするから、英語のままでいこうとなったそうです。

私は、高1のケンブリッジ研修に同行して、まったく同じことを体験しました。

ケンブリッジ大学のチューターとのランゲージアーツがいきなりはじまったときのことです。生徒は、まずは自己紹介をしなければならないのです。もちろん、英語ですから、そのときの張りつめた緊張の時間は忘れられません。

しかし、「最初に海に飛び込んだペンギン」は女子生徒でした。中学で学んできた英語を駆使して話し始めました。まったく和製英語でしたが、チューターはシェアできましたと言ってくれました。すると、一人また一人と英語で話し始めました。

それからプロジェクト型学習が始まり、あっという間の1週間でしたが、最後にはそれなりにディスカッションし、プレゼンテーションもするようになったのです。もちろん、英語です。その英語の文法が正しかったかどうかは、わかりませんが、英語で意思疎通できたわけです。

なぜでしょう？　英語を使わなければ、どうしようもないという切羽詰まった必要性もあったのでしょうが、要は「あなたは誰なの？」をずっと問われていたからだと思うのです。私は誰か？「自分軸」を探し始めたとき、生徒は言いたいことで頭の中はあふれるのです。

ヨーロッパの人がみな英語を話せるわけではありません。フィンランド人のようにはじめは英語が苦手でも、アイデアやイノベーションについてコミュニケーションをとろうというコミュニティができれば英語はマインドから出てくるのです。

どんなに言語技術を磨いても、マインドに言いたい想いやアイデアが溢れてこなければ、コミュニケーションはできません。そしてそのようなコミュニケーションが必要になるコミュニティの形成が必要です。

マインドの生まれるコミュニティとしての基盤づくりの必要性と、コミュニケーションし合うマインドの形成、そしてそれをサポートする言語技術。ランゲージアーツにプロジェクトチームが必要な理由に、ケンブリッジ体験を通して気づいたのです。

プロジェクトという授業

プロジェクトという科目を自分が作ろうと思ったそもそものきっかけというのは、かつて、総合学習や体験学習で言われていた風潮に対して違和感を持ったことです。ご存知のように「ゆとりカリキュラム」の考えのもとで、子どもたちが自分で調べ、話し合いをすることが重視され、テストをせずに、目標をあえて設定しないことがよいと考えられていました。

実は、戦後の日本でも一度総合学習のようなものが導入されています。商店街なら商店街に行って、レポートをまとめるといった学習が奨励されていた時期があるのです。ところが、それは「這い回る経験主義」として結局批判を浴びることになります。這い回っているだけで、子どもたちの力を本当に伸ばしていないというわけです。

子どもたちが主体的に何かを調べようとすること自体は悪いことではありませんが、総合学習や体験学習は、ともすると調べただけで終わってしまい、おもしろかったけど何も残らないといった事態に陥りがちです。

それに対して「プロジェクト」というのは、もともとの言葉の意味からして、ゴールを想定するものです。そしてゴールがあるからこそ力が発揮されるという考えに基づいています。もちろんこの場合のゴールというのは数値目標のようなものではありません。そして、ゴールは先生が設定して与える場合もあれば、子どもたちが自分で考える場合もあるのです。

先生がゴールを設定する場合、生徒たちはそのゴールに向かってどうすれば達成できそうかということに頭を使います。一方で、大きな命題が与えられた中で、生徒たちが自分たちなりのゴールを設定しようという考え方もあります。

ゴールを設定する際には、メンバーがいろいろな意見を出し合えるということが大事です。異なる意見をどうチームの中に取り込むかということがプロジェクトの成否のポイントになると言ってよいでしょう。実社会でも、プロジェクトというのは、常に同じ仲間が何かをやるというのではなく、その都度メンバーが変わるという点に特徴があります。そこでは多様な意見を取り入れながら進めることが必要になってきます。

そういう意味で、メンバーの心が開いていることは非常に重要です。意見を言うばかりでなく、意見を聞く姿勢なども大事になってくるわけです。そういう相互の信頼関係があってこそ、ゴール達成のための論理的思考や問題解決能力が発揮されるということが言えると思います。

つまり、プロジェクトには大事なことが3つあるということになります。1つ目は、ゴールを設定し、その達成を目指していくこと。そして2つ目は、多様なメンバーがオープンマインドで話し合えるということ、さらに3つ目として、どうやってゴールを達成するかという手法です。そこにはクリティカルシンキングスキルなども含まれてくるでしょう。

世の中には、〇〇プロジェクトというのがたくさんありますが、いずれもゴールを設定して、そこに向かって人や物やお金を引っ張ってくることが必要です。もちろんリソースを無限に利用できるわけではないから、様々な制約がある中で目標を達成しようとする。授業としてのプロジェクトでも、限られたメンバーや教材、時間の中で、学びのパフォーマンスを高めます。文化フェスタを運営するプロジェクトの場合も、決められた予算、メンバー、時間の中で、最大の喜びを参加した人々と共有するには、どういうことをやろうかと決めるという点では同じです。

さて、ここで重要なのは「ゴール設定」とは一体なんだろうということです。自分達自身のゴールを設定する、つまりチームで「共有した目標」に進んでいくというのは、誰かの意見にただ合わせるということではなく、本当の意味での本音を出せるかどうか、違う意見をぶつけるような議論ができるかどうか、といった信頼関係が大切になってきます。

チームで何かを行おうという場合に陥りがちなのは、人間関係を重視するあまり、本音が言えなくなってしまうということでしょう。同調圧力が生まれないようにするにはどうするのか、あるいはそれを払拭するにはどうしたらよいのか。「ゴール設定」をめぐって生まれる最大の課題です。

ラグビーにたとえて考えると、パスをつなげることばかり意識していて、誰もボールを持って前方に向かって走らなければ、じりじりと後退してしまうようなものです。ゴールに向かう中でパスを利用することが重要なのであって、決してその逆ではありません。

ゴール重視とは言っても、ゴール達成のために何でもやってよいということではないし、設定したゴールは固定したまま変えてはいけないということでもない。むしろチームで対話を繰り返しながら、軌道修正していくことが必要になってくるでしょう。

そして、その軌道修正というクリティカルシンキングの正当性は何でしょう。結局その正当性の規準は「自分軸」です。学校の中だけでなく、社会に出てからも、人生そのものがプロジェクトの連続です。うまくいくこともあれば、失敗することもあるけれど、次につなげるためには、ゴール設定と、リフレクションが大切になってくるのです。

ゴールがあるからこそ、それがどの程度達成できたかという評価も可能になるし、次のゴールに向かっていくことも可能になるのです。さらに、「自分軸」に従って、ゴール設定そのものの妥当性をチェックしたり、同調圧力が働いていないか、クリティカルシンキングを働かすことができます。

しかし、その「自分軸」自身の正当性や信頼性、妥当性はどうするのか。結局、多くのプロジェクトにおいて信頼関係を築いてきた体験を通して、何が正しくて、何が共感を呼び、何が自信をもって行動できるのか、その「何」の部分が「自分軸」として成長していくのです。

この「自分軸」の成長こそが、プロジェクトの本質的な「ゴール設定」で、人生においてこれでよいということはないでしょう。

自分軸とプロジェクト科

大村智さんと梶田隆章さんのノーベル賞受賞に思うのは、自分の信じることを追求する姿勢の大切さと、その「自分軸」を支える理解者の存在です。

大村さんの亡くなった妻である文子さんは我が校の卒業生です。当時貧しい研究者だった大村さんとの結婚を猛反対される中、給料のほとんどが実験器具などの購入に消えて家にお金が入らなくても、そろばんを教えたりして家計を切り盛りして、夫を支えていたということです。
奥様は我が校の校訓である「怒るな働け」という「自分軸」を持っていた。それが大村さんの信念を支えたのです。つまり、それぞれの「自分軸」が共振して支え合って、偉大な業績が生まれるという例ではないでしょうか。自分の人生を悔いのないものにするには、「自分軸」に拠って立つ自分を信じる力をつけていく必要があります。しかし、自分を信じるためには、自分を支えてくれる他者の「自分軸」の存在も大きいのです。

京都大学のすごい問題

ここで京都大学の入試問題を紹介しましょう。互いに議論して「自分軸」を確固たるものにしていく学びが、2020年「各大学個別の独自入試」で役に立つことを示唆する問題だからです。2016年度入試で、京都大学は「特色入試」を実施しました。2020年大学入試改革を見越したものです。今までの入試とは違い、まず「学びの設計書」を提出することになっています。どこの学部も共通して問われていることは次の2つです。

《高等学校在学中に取り組んだこと、達成したこと、そこで得たものを400字以内で具体的に書いてください。》

《なぜその学部を選んだのか、その理由を600字以内で書いてください。》

要するに高校時代の学びの体験を通して自分はどんな人間になったのか、「自分軸」を表現しなければなりません。2020年度までは募集定員約110名の「特色入試」において実施されるだけですが、2020年度以降はもっと広く行われるでしょう。世界ランキング100位以内の海外の大学では、すべての入学希望者が書くのが当たり前ですから、京都大学のみならずSGUはじめ多くの独自入試が、こうなっていくと考えてよいはずです。

また、京都大学で2015年度まで経済学部入試で、3時間かけて行われていた論文試験は「特色入試」に受け継がれます。

2015年度の論文試験は、プラトンの『ゴルギアス』、ジョン・ロックの『統治二論』合わせて8000字強の文章が課題文になっています。

どちらも「自然状態」と「社会状態」について論じています。プラトンの対話篇に出てくるカリクレスの主張は、「自然状態」では、人間は優れたものが正しいとするのが正義であるが、「社会の法律」は、そのような優れたものより弱者を救済するようになっている。カリクレスはソクラテスに対して、相手が「社会の法律」で判断していると、「自然状態」の理屈で対話をする。相手が「自然状態」の理屈で話すと、「社会の法律」を持ち出して反論する。「自然状態」に立って論じてくださいと小言をいっています。

一方、ロックは、「自然状態」は、人は生まれながらにして自由で平等である。弱者とか強者とかどちらがよいかどうかということではない。大事なことは、その正しい状態が崩れたときにどうするかである。「自然状態」において、互いに主張し合う闘争状態をなんとか解決したい。そのために社会という政治共同体をつくり、解決は第三者機関で決定するようにシステム化するのであると。狙いは、もちろんどんなに正しくても絶対王政は、そのような第三者機関を作らないから、「自然状態」のままである。よって、現実の政治社会共同体ではその存在を認められないという非常にラジカルな革命思想です。

このような課題文を読んで、4つの問いについて考え、書かせます。

《問1　プラトンの作品に出てくるカリクレスの主張を800字以内で要約せよ。》

ソクラテスは、どちらかの立場に荷担するのではなく、クリティカルシンキングによって若者の議論を整理していき、そこで市民が何に気づいていくか、というファシリテーターとしての役を演じていただけです。ですから、カリクレスの主張に絞ったわけです。

《問2　ロックの主張を100字以内で要約せよ。》

《問3　カリクレスとロックの自然状態に対する考え方の相違点と共通点を1200字以内で論ぜよ。》

京大の問題の重要なところは、「コンペア・コントラスト」のスキル、「コーズ・エフェクト」のスキルを使いながら、両者の考えを比べてまとめていく論理的思考のプロセスを考えさせたうえで、今までなら両者のどちらの意見に賛成か決めて、その理由を書きなさいで終わるところ、問いがさらに追加されているところだと思います。

《問4　カリクレスとロックが対話したとしたら、どんな対話になるのか。1500字くらいで想像して書け。》

つまり、「クリティカル／クリエイティブシンキング」スキルを大いに発揮する問いなのです。解答となる対話文を優れた作品にするには、まずは生徒自身が「自分軸」を持っていなければなりません。その「自分軸」がカリクレスと同じなのか、ロックと同じなのか、両者とも違うのか。それが極めて重要です。もし、両者とも違うとなれば、場面設定を現代に設定して、彼らがそれぞれの軸に照らし合わせてどう論じるのか書いていきます。そして、古代と近代萌芽のときには考えられない新しい状況があることに驚き、ではどうしたら解決できるのか対話を進めるでしょう。そして、両者が代表している歴史観では、解決できないことを導けば、そこに生徒自身の「自分軸」が浮き出てきます。もちろん、対話の中に自分は登場してこなくてもそれができます。

2020年からの大学入試問題では、難易度の差こそあれ、このような性格の問題が多くの学校で出題されるでしょう。「自分軸」をつくっていくようなアクティブ・ラーニングの授業は、もっともっと必要になってくると思うのです。

第7章　思考力とは何か？

「開成」でいいの？

２０２０年大学入試問題はいかなる問題が出題されるのか？　直接的に関心が高い話題であるにもかかわらず、この問いについて、まだまだ本格的に議論されていません。入試制度がまだ決まっていないということもあるのでしょうが、メディアでは、どうしても制度の問題が優先的に報道されます。

制度が決まれば大学入試問題の内容も決まると考えられているのでしょう。しかし、その制度も、憲法や教育基本法、学校教育法などの教育関連法規が上位法ですから、それに従わざるを得ないのです。

これらの法律では、すでに創造的思考力を高等学校卒業まで育成する道を拓いています。何も２０２０年大学入試改革を待たずとも、高次思考を学ぶ環境を創ることができなかったわけではないのです。

それでは、なぜ21世紀になった今もなお、20世紀型教育が続き、知識の多寡を競い、せいぜい知識を論理的に活用できるかどうかを問う問題が出題されているのでしょうか。

その元凶は「開成」です。こう言うと、他校を責めるとはけしからんと言われるかもしれません。開成学園を責めたとしたらそうでしょう。しかし、私が「開成」とカギカッコ付きで語る「開成」は、大学受験における偏差値階層システムのネーミングです。

開成学園そのものの歴史的意義は、あの日本のケインズと呼ばれ、「ダルマ蔵相」と親しまれながらも、二・二六事件で暗殺された初代校長高橋是清の気概の継承にあります。高橋是清の生きた時代は、まだ日本は近代国家道半ばでした。

これだけ急速に欧米列強に追いついたのは、当時の官僚主導の国家建設の力が強烈だったおかげです。しかしながら、同時に近代国家は、軍事力や経済力だけではなく、民主主義的な発想も重要な柱です。高橋是清は、すぐに当時の近代国家建設の矛盾をつぶさに察知し、優れた、そして公正な正義を発揮できる官僚を輩出するために、ノーブレス・オブリージュ（位高ければ徳高かるべし）精神を有した人材を官僚に送り込む学び舎として開成学園の初代校長に就任したのです。そのために東京大学への進学を促進したのです。

高橋是清が開成学園の校長に就任した1878年から遅れること25年後の1903年に嘉悦学園は誕生します。その時代は、大正デモクラシー前夜で、「市民社会」という成熟した近代国家の新しいあり方が論じられる雰囲気がありました。つまり、開成学園が目指した近代国家は、東大を頂点とする偏差値階層システムが生み出す格差社会を支える人材作りではなかったはずなのです。開成学園と「開成」は似て非なるものなのです。

２０２０年大学入試改革は、実は「開成」でいいの？　という問いを高橋是清の気概を継承している官僚自身が投げかけているのではないかと思えてならないからです。

「問い」のレベル

２０２０年大学入試問題は、問いのレベルが違うというのが要諦だというのは、これまで折に触れ語ってきました。しかし、ここで開成学園と「開成」の違いを理解していただいたところで、もう一度確認させてください。よりはっきり２０２０年の大学入試問題の輪郭が見えてくるだけではなく、これからの教育、学びにおける「問い」というものがいかなるものか明快になるはずだからです。

まず２０１２年度に東京大学文科Ⅱ類で出題された帰国生入試問題を見てみましょう。

《東日本大震災の発生後、「科学は、必ずしも人間を幸福にしない」という発言がみられるようになった。ここで、科学には、科学知識と科学技術の２つの意義があることに注意しなければならない。そのことを踏まえて、科学と人間の幸福との関係を論じなさい。》

この問い自体は、古典的な問題で、新しい問題とは言えないかもしれませんが、含蓄があります。というのも、東日本大震災は、私たちのエネルギー問題や食糧問題、科学の問題、世界の人々からの支援など普段の生活では意識下にある問題をすべていっぺんに表出させたからです。

教育もその例外ではありません。2011年秋、私たちが21世紀型教育を創る会を結成したのも、「開成」という偏差値階層システムが、このような問題を放置していたことと無縁だとは言えないという内省があったことは事実です。ですから、公平の正義の貫徹する近代国家や市民社会を夢見た『開成学園』や『嘉悦学園』に立ち返り、その当時の気概や志を、歴史に学び、未来を拓くカギにしようとしたのです。

この問いにはそんな意味がこもっている、私は妄想し、そう受け止めました。

そして、すぐに私たち21会（21世紀型教育を創る会）メンバーは、この問題と一般生の前期試験の問題との違いが、まさに『開成学園』と「開成」の違いと同じ構造であることに気づきました。

帰国生入試は、まず書類選考をクリアした生徒が小論文を受験できるのですが、この書類選考で診るいわゆる高校時代の学業の評価というのは、現地校での成績やインターナショナルスクールなどのＩＢ（国際バカロレア）のディプロマの成績などです。かなり高得点をとっていないと書類選考をクリアできないのですが、クリアしたということは、すでに一般入試を相当高いレベルでクリアしたことになります。にもかかわらず、さらにこのような小論文を課すというのは、書類選考では差がつかない高い学力をもった帰国生をさらにフルイにかけるためです。

この段階で、もう了解されたかもしれません。帰国生の入試選抜は、『開成学園』の教育が問われます。しかし、一般入試は「開成」の教育が問われているのです。

英国の高校卒業適性検査であるAレベルは、すでに東京大学の前期試験のレベルをはるかに超えているのは、第1章でみましたが、それでもケンブリッジやオックスフォードを志望する生徒のAレベルのスコアの差はないのです。そこで、《カタツムリには意識があるでしょうか？》というような「モヤ感」満載の口頭試問が行われることになります。

東京大学の一般入試と帰国生入試の関係は、レベルはかなり違いますが、英国のAレベルとオックスブリッジの口頭試問の関係に構造的には同じです。

2020年大学入試改革は、日本の入試システムが世界大学ランキング上位校に接続できるようにレベルを合わせることを目指しています。「高等学校基礎学力テスト」と「大学入学希望者学力評価テスト」は、今までの東大の一般入試の構造をアレンジし、「各大学個別の独自入試」では東大の帰国生入試のような問いのレベルを想定しているのです。

ブルーム型タキソノミーを思い出してみましょう。「知識」「理解」「応用」「論理的思考」「批判的思考」「創造的思考」と思考のレベルが深まっていくのですが、「開成」の偏差値階層システムは、「応用」「論理的思考」までのレベルの問いで終わります。しかし『開成学園』のような教育システムは「創造的思考」のレベルまで問いかけられるのです。

この「創造的思考」とは、論理的問題解決で終わるのではなく、論理的思考がいきつく先の矛盾やパラドクス、アンビバレンツなどを批判的に発見し、それを創造的に解決する思考です。東日本大震災の発生後、赤裸々に噴出した科学と人間の幸福との関係の問題は、机上の問題ではなく、私たちの身近な生活で起こっている切迫した解き難いジレンマ問題として私たちの目の前に立ちはだかっています。

私たちは、今まで机上で論理的に解決できるレベルの入試問題に囲まれて教育を行ってきました。しかし、２０１１年3月11日以降、それでよいのか？　という問いを投げかけざるを得ませんでした。それを受けとめないわけにはいかないと私や21会の同志校は志を新たにしたのです。

思考力テスト

その志を広げ深めていくために、大学入試でいえば、アドミッションポリシー、中学入試では、入試問題は学校の顔と言われている部分を変えることにしました。

考えてみれば、一方通行型の講義形式で知識を詰め込む授業を改め、クリティカルシンキングやクリエイティブシンキングとしての「創造的思考力」を養うべく、「サイエンス科」という新しい学びを創ってきたにもかかわらず、そこのエッセンスを入試問題にして出題するということをしないできたのは不自然です。

2010年ころから、思考力テスト（はじめは「作文入試」と呼んでいました）の準備を開始しました。

そのときは、まさか今のように2020年大学入試問題と同じ発想のものになるという想定はしていませんでした。女子校から男女共学になって、男子と女子の学びの違いに気づいたときに、「サイエンス科」をやってよかったと思っていましたが、おおまかに男女の区別はあるものの、一人ひとりを見ていくと、知識をまず憶えて、理解し、応用し、考えていくという「積み上げ型学び」のスタイルを得意とする生徒と「発想ぶち上げ型学び」のスタイルを得意とする生徒がいることに気づきました。

男女の違いなのか、男子らしさ女子らしさという文化社会構造的な問題なのか学問的検証はしていませんが、経験上、中学受験を通して、女子は「積み上げ型学び」を得意とし、男子は「発想ぶち上げ型学び」を得意としていました。

これは、おそらく実際には、女子御三家といわれている学校の入試問題が、「積み上げ型学び」で突破できる入試問題で、いわゆる男子御三家といわれている学校の入試問題が「発想ぶち上げ型学び」でなければ突破できない問題を出題しているから、学びの違いが出たのだろうと考えた方がしっくりするのではないかと仮説を立てました。

入試の模擬試験というのは、男子御三家そっくり模試のようなものでない限り、ほとんどは「積み上げ型学び」で対応できるものが多いです。

それゆえ、男子御三家以外の多くの学校の入試問題は、「積み上げ型学び」で対応できる作成方法に陥っていました。中学入試問題が学び方を規定してしまっていたのですが、これは大学入試問題でもまったく同じなのです。それゆえ、「開成」でいいの？　という問いを立ち上げたのです。

実は2009年までは、我が校もそうでした。しかし、先ほども申し上げた通り、男子の学びの特徴を知った私たちは、積極的に「発想ぶち上げ型学び」をしてきてくれる受験生を獲得するために、「思考力テスト」を作成しようと思い至ったのです。この「思考力テスト」は、軌道に乗り、一般入試、帰国生入試、思考力入試という3つのタイプの学びを得意とする生徒が入学してくれるようになりました。

今では、帰国生や留学生の割合も20％くらいになり、目に見える多様性を確保できているのですが、男女共学、学びのスタイルの違いを体験し、これも多様性の在り方の一つだと気づきました。

男子御三家と言えば、開成、麻布、武蔵ですが、麻布と武蔵の入試問題は、長い間、「発想ぶち上げ型の学び」がベースでしたが、開成はどちらかというと、「積み上げ型学び」がベースで、難問を出題するスタイルでした。これが「開成」という偏差値階層システムをつくってしまったと思うのですが、『開成学園』として、「積み上げ型学び」と「発想ぶち上げ型学び」のバランスをとる傾向がここ10年続いています。

さすがは「開成」ではなく『開成学園』だと思います。

私は、1回のテストの中に両方の学びのスタイルを問う入試問題をつくるより、多様な入試の機会をつくる方を選びました。

「思考力テスト」は、その後21会の同志校にも受け入れられ、新しい中学入試を確立するチャンスにつながったと思っています。

そして、それが2020年大学入試問題の「大学入学希望者学力評価テスト」や「各大学個別の独自入試」に直結する発想に広がったのは驚きでした。

おそらく、未来を拓く学びや教育を考えたとき、行きつく先は同じなのでしょう。それが時代の要請に耳を傾けることなのだと確信したのを今もはっきり覚えています。

麻布の問題と東大の問題

2013年度の麻布の理科の問題は大いに話題になりました。

《99年後に誕生する予定のネコ型ロボット『ドラえもん』がすぐれた技術で作られていても、生物として認められることはありません。それはなぜですか、理由を答えなさい。》

こんな趣旨の問題が出題されたのです。

解答欄の大きさから、50字くらいしか書けませんから、「発想ぶち上げ型学び」のスタイルで対応できる問題です。

このスタイルの問題を我が校では「思考力テスト対策講座」で活用しています。

思考のプロセスは「守破離」です。「守」というのは「モヤ感」です。とにかく直感的に何かがあるという想いを巡らすことができるマインドセットをします。そして、その後に、「破」として「コンペア・コントラスト（比較・対照）」や「コーズ・エフェクト（因果関係）」という思考スキルを活用する体験をしてもらいます。このスキルを体感すると、「モヤ感」でいっぱいだったマインドの中に気づきがたくさん生まれてきます。つながらなかったものがつながります。そこでようやく、最後に200字論述で、自分の考えをアウトプットしていきます。「離」のステージです。

この思考力問題の解き方は実は２０２０年大学入試問題を考える道につながります。問いは4つ投げかけます。例を紹介します。

課題1では、「ロボット」からイメージする物や事をマインドマップよろしく書きだしていきます。思いつくままどんどん。生徒によっては、あふれるほど書き込みますが、そうでない生徒もいます。しかし、5つ以上みんなが書きだすまでは待ちます。

マインドセットができたところで、課題2を問いかけます。

《『ドラえもん』が、ロボット三原則から外れるところ、三原則どおりに動いているところを書いてみましょう。ロボット三原則は、次の通りです。(第1条) ロボットは人間に危害を加えてはならない。(第2条) ロボットは人間の命令に従わなくてはならない。(第3条) ロボットは自らの存在をまもらなくてはならない。》

ドラえもんのみならず、手塚治虫の『鉄腕アトム』でも、ハリウッド映画『ロボコップ』シリーズでも、ロボット三原則は破られてしまい、それを解決するストーリーだからワクワクするのですが、ドラえもんにも同じ構造のストーリーがそのまま踏襲されています。ロボットと人間の関係の問題は、実際には２０４５年のＡＩ問題を待つことなくすでにあったわけです。

そのことに気づいたら、課題３に進みます。《ロボット三原則が必要なのはどうしてだと思いますか。また、『ドラえもん』でロボット三原則に従わない場合があるのはどうしてだと思いますか。》これは、課題２で生徒が考えた根拠をリフレクション（振り返り）する問いかけです。

思考のプロセスは、手順通りに考えていけば答えが出るのではありません。それでは、そもそも思考ではありません。思考のプロセスは、まず、「何を自分が考えているのか？」から始まります。次に、「何かを考えている自分」を考えます。そして、「『何かを考えている自分』を考えている自分」を考えます。さらに、……とどんどん内省が深まっていきます。このようなリフレクションを「メタ認知」と文部科学省は呼んで、新しい学習指導要領に導入しようとしています。

ただし、この無限の連鎖では、どこまでも深くなって先が見えなくなりかねません。そこでグループでディスカッションをするのです。「モヤ感」や「思考の迷路」から導かれる一条の光は、この他者とのコミュニケーションによってのみ見えてきます。そして、この一条の光こそ、「守破離」を貫徹する「自分軸」です。

こうして、光が見えてきた地平に、生徒が立ったとき、課題4の問いを投げかけます。

《ロボットは、どんどん「進化」しており、色々な仕事を人間に代わって、しかも人間よりも上手に行ってくれるようになりました。しかし、ロボットの能力がどんなに向上しても、人間の仕事（職業）として残る可能性が高い仕事（職業）もありそうです。このような仕事（職業）を一つ挙げ、これを選んだ理由を200字以内で書いてください。》

この問題の考え方や発想は、麻布のドラえもんの問いと基本的には同じです。ですから、課題1から3を投げかけなくても、いきなり課題4を投げかけて解ける生徒もいるでしょう。しかし、私が大切にしていることは、どんな子どもも才能者だということなのです。ただ、その才能の現れ方は様々です。問いにこだわるのは、この才能者の現れ方が違うというところに注目しているからです。

才能者の定義はいろいろあるでしょうが、私はノーベル物理学賞受賞者リチャード・ファイリップス・ファインマンが日ごろから言っていた3つの要素が合わさったものだと思います。「好奇心、開放的精神、課題発見」がそれです。入試問題などのテストは、あらかじめ問いが用意されています。才能者は、与えられた問いに好奇心を示さないとき、才能を発揮できません。ですから、２０２０年大学入試問題は、《カタツムリには意識があるでしょうか？》のようなオープンエンドな問いの立て方をして、その中から自分の関心のある問いを立ち上げて考えていくスタイルになっています。

しかし、麻布に合格するような生徒はそれでよいかもしれませんが、かえつ有明に入学する生徒は最初は、もう少し問いを細分化して多角的に問う仕掛けが必要になります。そのような正解が一つではない複数の問いを投げかけることで、自分の好奇心を立ち上げる問いにあたるかもしれません。そうすると、「アッ！」と言って、中核の問いを考える気づきが生まれる場合があります。

私は中学入試段階における学力差みたいなものは、実際には好奇心の広さの違いだと思います。この好奇心は、自然とどれほど戯れたのか、読書にどれほど没頭したのか、多様な人とどれほどコミュニケーションしたのかなどの体験の違いでもあるかもしれません。

「開成」システムでは、このような好奇心を育む条件を満たせなかったのでしょう。『開成学園』の原点に回帰すれば、この条件を取り戻すことができるはずです。

そして、この「好奇心、開放的精神、課題発見」の条件復元が２０２０年大学入試問題作成のコンセプトでもあるのです。

実は、課題４は東大の帰国生対象の入試問題なのです。２００９年度の理科Ⅱ類で出題されました。東大の問題であれ、未知との遭遇なのですから、小学生でもアプローチできる方法をいっしょに学んでいくことが重要です。

「知のコード」誕生

前項のように「思考力テスト対策講座」としてのワークショップを重ねたり、アクティブ・ラーニングを行ったりする過程で、紙の上でのテストの評価だけでは、収まりきれない体験を同時に重ねていきました。

20世紀型教育の評価は、1点刻みで、君の能力はここまでしか伸びていないということを明らかにする機能を果たしてきました。しかし、21世紀型教育を標榜している私たちや2020年大学入試改革では、評価とは、どこを鍛えれば自分の才能をもっと伸ばせるのかという視点で評価する「エンパワーメント評価」を意味します。

そうなってくると、アクティブ・ラーニングで、生徒がリサーチしたり、フィールドワークをしたり、ディスカッションしたり、プレゼンテーションしたり、レポートを書いたりといったパフォーマンスをどのように評価したらよいのかという気づきがありました。

もともと「サイエンス科」では、ブルーム型のタキソノミーを生徒と共有し、どういう点を改善すれば、ディスカッションは効果的になるのか、有効なプレゼンテーションになるのかを生徒と振り返りながら共有してきました。

また、この「サイエンス科」の授業はほとんどの教師がかかわるので、このタキソノミー的な発想を、受験指導や部活で活かす流れが生まれました。

その過程の中で、タキソノミーは当然、知の部分だけではなく、人間関係を形成していく成長段階を見守るときの基準にも適応できるのではないか、絵画制作や演奏やスポーツの身体能力の成長段階にも応用ができそうだという議論が学内でわき起こり、「知のコード」プロジェクトも生まれました。

そして、生徒といっしょに活動しているときに、まずは3段階ぐらいで大づかみにして、詳細な評価はそのあとにするというシステム作りに発展していきました。

中高一貫校第1期生は、いきなりすばらしい進学実績を出したのですが、そのときの進路指導を行った教師の一人が剣道部の部長で、6年間生徒の成長を「守破離」の極意で見守ってきました。能の世界だと、能楽師の成長は「序破急」のリズムだと言われています。ホップ・ステップ・ジャンプではないですが、どうやら「守破離」の感覚は教師も生徒も共有できるのではないかという話になったのです。

なるほど、ブルーム型のタキソノミーも、「知識－理解」を「守」の段階、「応用－論理的思考」を「破」の段階、「批判的思考－創造的思考」を「離」の段階とするのは、経験上自然です。

　では、人間関係をつくっていく倫理の発達段階はというと、認知心理学者のローレンス・コールバーグの「道徳性発達理論」がちょうど「守破離」の段階に対応する段階を設定していました。生徒はまず、外部からルールを課せられます。この段階は「前慣習段階」。簡単にいうと、アメとムチの段階です。しかし、このような外発的動機では、自立し主体的に人間関係をつくっていくことができません。それで、内発的動機づけが必要になります。市民社会にあるルールと自らの判断基準を一致させる「慣習段階」が次のステージです。しかし、ルールは絶対ではありません。ここでクリティカルシンキングが再び登場です。さらに上位のルールに気づき、ルールを改編していく高次倫理の段階が登場します。コールバーグは、それを「脱慣習段階」と呼んでいます。まさに「守破離」の感覚に呼応します。

　夏休みの後半にオルセー美術館のリマスターアート展を開催することはたびたび述べましたが、このときアート部がキュレーターの役割を果たします。メンバーは常にリサーチをして、鑑賞に訪れた方々と対話ができる準備をします。セザンヌやルノワールなどの作品一つひとつについて語れるようにすることはもちろん、美術史全般も学んでいます。

　中世、絶対王政、フランス革命後では、描く対象が違っているとか、同じリンゴを描くにしても、網膜に映ったままを描くのか、セザンヌのように、感覚を通して象徴的なイマジネーションを描くのかなど、絵画におけるコペルニクス的転回について語り、互いに議論し、協力してキュレーターの役割を果たしていきます。まさに論理の「守破離」と倫理の「守破離」をフル稼働して、一気に「離」に飛んでいます。

しかし、このとき同じものを五感でとらえても、それを表現する「美しさ」なるものは、歴史的に違いがあり、ターナーやピカソのように、芸術家自身が年齢を重ねるにつれ、作風が変わり、「美」そのものの質感に変化が出てくるということをどのように了解するべきか新たな問題が生まれてきました。

慶應医学部に合格しながらも、宇宙物理を学ぶといって、東大理Ｉに進学したＯＢと対話したときのことです。脳内で起きている化学変化も宇宙で起きている現象も素粒子レベルでは理論的につながるところがあり、そのループを見つけたときの喜びは「美学」そのものですよと教えられました。アッ！　これじゃないかと思いました。

美というのは、最初は自己と他者の出会いの中で「心地よさ」を感じる段階からはじまります。それが仲間と自然や社会の中で協働して活動し始めると、「心地よさ」はさらに公共的な精神に発展します。この精神に反する感覚は「醜悪」となるのでしょう。

さらに、ニュートンにしてもセザンヌにしてもピカソにしても、自分と他者との関係や、自然や社会との関係という制約の美の段階を超えて、「宇宙」や「素粒子」や「イメージ」という世界を発見するのです。

この3段階もまた、「美学」の「守破離」という発達段階に見事に呼応します。

こうして、生徒の学びの「論理」「倫理」「美学」の3側面が、「守破離」という3段階で発達していくカテゴリー表ができ、生徒の考えるプロセス、社会性を体得していくプロセス、幸せをつかむプロセスを可視化できることに気づいたのです。このカテゴリー表を我が校の「知のコード」としたのです。

これによって、生徒の発達を「守」の段階である、「知識－理解」「前慣習段階」「自己と他者の心地よい感性」の段階に偏って指導するのではなく、生徒の成長発達を見守ったり、促したり、ともに走ったりする「軸」ができてきたのではないかと思います。もちろん、生徒の「自分軸」も、自分にこだわる小さな軸ではなく、オープンマインドになり、どんどん好奇心を旺盛にし、クリティカルシンキングをしていく「自分軸」を成長させる土壌作りにもつながると思っています。

ルーブリックとは？

2020年大学入試改革で、文部科学省は、1点刻みの評価ではなく、どの段階の思考ができるのか、どのレベルの協働作業ができるのか、どのレベルの判断力や表現力があるのかなどを見極めるために、「ルーブリック（Rubric）」という評価方法を採用する予定です。レベルの目安を数段階に分けて記述して、達成度を判断する基準を示すものです。評価する内容をカテゴリー分けして、それぞれの分類項目に、「一分野の知識は豊富」「理由付けができる」「仮説を検証できる」などという記述を設定します。

考える内容によって、当然そのような観点別の項目は変わります。生徒と、今回は仮説を立てて検証するところまでいってみようかと目標をシェアして、そこに行かなかった場合、「その分野の知識が十分だったのかどうか」「理由を発見できたのかどうか」思考のプロセスのどこで躓きがあったのか、リフレクションできるわけです。

問題は、ルーブリックには無限に観点があることです。今のところ固定している学校もあるようですが、生徒一人ひとりの才能は、限定的には評価できません。

そこで、その観点がどの段階に分類されているか、その段階はある程度基準として固定しておく必要があるのです。それが「知のコード」の役割なのです。

この「ルーブリック」を作成するにあたっても、実は「知のコード」プロジェクトのメンバーが試行錯誤しています。最初の頃、我が校の「思考力テスト」は、対策講座ではワークショップ形式なのに、テストはペーパーテストで一人黙々と考えて解いていく形式でした。これでは、「論理」の側面はテストできますが、ワークショップで行っている「倫理」や「美学」の側面をテストできません。

そこで、ワークショップ型の「思考力テスト」を考案し実施することにしました。正解が一つではない問いを投げかけ、まずは個人で考え、それからグループに分かれてディスカッションや協働作業をします。それを通して気づいたことを200字くらいにまとめるというパフォーマンス全体を評価する入試です。

8人くらいのグループになりますから、「知のコード」に基づいて作成した「ルーブリック」を持った教師が2人体制で評価していきます。

「守」の段階にこだわるのではなく、「破離」の段階にチャレンジする才能、リーダーシップの資質、表現の質感などを総合的に判断して合否を決定します。

おそらくこのテストの方法は、グローバル教育の主流になることは間違いありません。実はIB（国際バカロレア）の評価方法やPISA、21世紀型スキルをカリキュラムに導入している世界の学校なども同じような構造になっています。

だから、2020年大学入試問題は、1点刻みの評価ではなく、「ルーブリック」によって、「思考力・判断力・表現力」「主体性・多様性・協働性」がどこまで発達しているのか成長の度合いを総合的に評価しようとしているのです。最初はこの「ルーブリック」に適合する問いの開発から始まるでしょうが、すでに東京大学の推薦入試や京都大学の特色入試で口頭試問が行われているように、ディスカッションなどのパフォーマンスも評価する新しい入試問題のスタイルも開発されるようになるでしょう。

マイクロソフトの入社試験も「知のコード」で

マイクロソフトに入社するための面接試験はユニークであるというのは昔から有名です。

「知のコード」は、大学入試改革に対応する普遍性がなければなりません。しかし、生徒のキャリアは、大学で終わりではありません。大学卒業後も「思考力」は使うのですから、大学卒業後も有効な「知のコード」でなくてはなりません。

そこで、ユニークな問題を問いかけるマイクロソフトの問題を思考してみて、「知のコード」がカバーできるのかどうか考えてみたいと思います。

マイクロソフトの面接試験といえば、おそらく次の問題がシンプルで有名な問題です。

《世界中にピアノの調律師は何人いるでしょう？》

この問いはマイクロソフトに限らず多くのグローバル企業でアレンジされて出題されるバリエーションがあるといわれているぐらいですから、グローバル人材を育成することを一つの目標にしている2020年大学入試問題でも求められる人材の能力を示しているのかもしれません。《カタツムリには意識があるでしょうか?》というようなオックスブリッジの口頭試問にも似ています。

さて、皆さんならどう対応していきますか。

先に進めないとしたら、「論理」的能力を期待されないでしょう。「倫理」的にも、自分でルールを見つけることができない段階だと評価されてしまいます。「美学」的にも、当たり前の解答スタイルでおもしろくないと評価されるでしょう。つまり、「知のコード」では、「守破離」のうち「守破」の段階どまりです。

マイクロソフトは、どうやらいきなり、「離」のステージから思考してほしいという意図があることがわかります。

要はシンプルに、ピアノの台数と調律師一人当たりの仕事の量を出せばよいのですから、与えられたデータが無かったら、ピアノの台数や調律師一人当たりの仕事量を算出する仮説をたてればよいわけです。

マイクロソフトは、それを検証する考え方が、「論理」的正当性があって、「倫理」的に社会の構造を判断できる力があり、「美学」的には創造的な解き方であればよいわけです。「守→破→離」と進む「積み上げ型学び」ではなく、「離→破→守」という「発想ぶち上げ型学び」の能力をもっているかどうかがポイントです。

ですから、身近なものをグローバルな範囲に投影すればよいという「論理」的思考は有効です。「倫理」的には、自分の身の回りとの関係にこだわるのではなく、世界の状況を見通す視野も有効でしょう。「美学」的には、音の本質とピアノを弾くという行為の本質を見抜くことができるかどうかです。

すなわち、ピアノを所有している層をまず考える。調律という音色の調整に対するセンスを活用します。すると、ピアノを購入できる富裕層だとか、調律を必要とする回数だとかが想定できます。

日本の場合であれば、約1億人ですから、ざっくり家庭を5000万世帯と想定します。そのうち30%はピアノを購入できる世帯年収層だというように考えていきます。もちろん、実際はもっと多くの条件がありますが、それは後で組み込んでいけばよいのです。まずは骨格作りです。今度は調律師は年間何台のピアノを調律するかという想定をするわけです。こうやっていけば、結果は出るでしょうが、それが正しいかどうかはマイクロソフトは興味がありません。

解答は、思考のプロセスを導き出すためのトリガーに過ぎないのです。2020年大学入試問題の究極的な狙いもここにあるでしょう。

そして、このような「思考」を知のコードで振り返ることができることもおわかりいただけたと思います。生徒によって、「守→破→離」という「積み上げ型学び」が得意な生徒と「離→破→守」という「発想ぶち上げ型学び」が得意な生徒がいます。

もし、「知のコード」が意識されなければ、前者の生徒は「守」の領域でがんばっているからそれでよしとなり、「離」の段階に飛べる後者の生徒は、思いつきに過ぎないと一笑に付されてその才能の芽を摘み取られるでしょう。

従来の大学入試問題は、そんな事態を無自覚のうちに生んできたのです。「知のコード」の「離」の領域こそが、将来極めて重要だということがおわかりいただけたと思います。

「知のコード」でわかる2020年大学入試問題

「知のコード」の3つのカテゴリーである「論理」の側面、「倫理」の側面、「美学」の側面をトータルに豊かにしていけると手ごたえを感じつつ、このような基準を創りながら、実際の授業の場面に浸透させていく試行錯誤に5年以上かかったことを思えば、上からの

21世紀型教育改革である2020年大学入試改革は、難航するのは容易に想像できます。しかし、各大学個別の独自入試は、スピードが加速することでしょう。一般ペーパーテストと創造的思考を問うような「思考力テスト」に相当するものも併用されます。

そして各大学個別の独自入試は、すでに見てきたように、パフォーマンス型入試になると思います。というのも、ＡＩ（人工知能）ロボット以上の才能を見出すには、その方法が最適だからです。

現状では、ＡＩの進化によって今までの仕事はどんどんロボットによって代替されていく、だから21世紀型教育をというトーンだったのですが、2020年までには5年もあります。ＩＣＴの進化のスピードのすさまじさを考えると、警鐘を鳴らしているだけでは十分ではありません。

これまでのように《ＡＩロボットの話はＳＦ的な話題に過ぎないのかリアルな問題なのかあなたの考えを800字以内で書きなさい。》という問いでは済まなくなります。

もっと具体的に新しい世界秩序を構想するグローバルな「法の支配」を提案する入試問題が出てくるでしょう。理系や医学部では、ＡＩを駆使した最先端のテクノロジーのデザインまで求められるかもしれません。何を考えられるかの次は、何を行うのか、何を創るのかまで、つまりは創造的思考力に焦点があてられるのではないでしょうか。

現状ではポスト資本主義社会は手詰まりです。格差問題、環境問題、食糧問題、新しい戦争問題などジレンマ問題に囲まれています。

この正解のないジレンマ問題について論じる問いが2020年大学入試問題の肝のように感じますが、実はそれは「知のコード」でいえば、まだ「守破」の段階です。

2020年に要請される才能は「守破離」の「離」の領域です。とするなら、おのずと2020年のスーパーグローバル大学個別の独自入試は、新たに到来すると言われている電脳社会における「人工光合成」や「人工エネルギー」、「宇宙開発」のアイデアそのものについての問いが投げかけられるでしょう。2020年解決しなければならないテーマは幾つか明快になっているはずです。しかし、その問題解決のアイデアは無限です。

大学は、そこに向かっていっしょに研究開発できる即戦力が必要になります。初めのうちは従来型のペーパーテストの入試と口頭試問型入試に分かれるでしょう。前者は研究者としての可能性がある生徒を見出し、後者はすぐに研究室でいっしょに探究活動に入れるような生徒を見出すテストになるのです。

各大学個別の独自入試問題のヒントがロンドン大学にあった

ここまで見てきたように、最終的には、受験生は「高等学校基礎学力テスト」、「大学入学希望者学力評価テスト」を通過して、「各大学個別の独自入試」を突破することが重要です。この独自入試がどのような問題であるかは、2020年大学入試改革を待たずに、新しいテスト作成に先駆的に取り組んでいる大学の問題を見てきました。

しかし、まだ移行措置段階ですから、知識の多寡を見る問題と混在となっている場合が多く、まだまだ完成体ではありません。そこで、今回の大学入試改革に関連がある英国・ロンドン大学の「大学入学準備コース」の試験を見てみましょう。

英国の大学の学部の期間は、4年間ではなく3年間で、いきなり専門の学問からスタートします。その学問を研究していくには、その前に、専門分野の基礎知識以外に、リサーチの方法、議論の方法、論文の書き方、プレゼンテーションの方法、世界貢献の方法など身につけておく必要があります。これらを、英国の大学では、「アカデミックスキル」と呼んでいます。英国の高校生はすでにAレベルで、自分の専門分野の基礎科目を勉強します。また、その勉強をするときの方法はすべて「アカデミックスキル」です。さらに英国の生徒は、「ギャップイヤー」といって大学に進む1年前に、つまり、日本の大学1年の段階で世界に旅立ち、ボランティアの体験をしてくるのです。

日本の生徒が英国の大学に行こうとすると、ギャップイヤーではなく「ファウンデーションコース」と呼ばれている「大学入学準備コース」で1年間修業を積まなければなりません。東京大学の学部1年、2年の学びに相当すると考えてよいでしょう。東大の場合、3年になるときに、進振りといって、入学時とは違う学部に進むことができます。ロンドン大学の「大学入学準備コース」も90％は先に進みますが、他の大学に進むこともできるし、成績が優秀であれば、オックスフォードやケンブリッジにも進む機会がもらえます。ちなみにロンドン大学の世界大学ランキングは東大より上位にランクされています。

このコースの教育内容が「専門分野の基礎知識」「アカデミックスキル」なのです。そもそも外国人である日本人がこのコースで学ぶこと自体チャレンジングですから、ギャップイヤーの体験にも相当します。1年で詰め込むのですが、日本の高校で学んできたことも考慮されますから、まったく無理なコースではありません。

そして、今まで見てきたように、２０２０年各大学個別の独自入試が、「批判的思考力」「創造的思考力」を目指すように、「大学入学準備コース」でもすべての学びに共通する思考力のことを「クリティカルシンキング」と呼んでいます。したがって、このコースに入るために、「クリティカルシンキングテスト」をクリアする必要があります。また、英語力はＣＥＦＲの評価基準でいえば、Ｂ２レベルが要求されます。

２０２０年の大学入試問題はイギリスの進学システムに影響を受けていることは確実ですから、この「クリティカルシンキングテスト」の問題は、ある意味２０２０年大学入試問題の究極の予想問題と言えるでしょう。

では、ロンドン大学「大学入学準備コース」のアドミッションオフィスが「サンプル問題」として公開している問題を紹介、解説しましょう。

問題の形式は、最初に英語で書かれた日本語にすると1000字ほどの文章を読み、10の問題に記述式で解答していくものです。まず文章の趣旨をざっと紹介します。

《ナノテクノロジーは、医学・通信・ロボット技術分野にまたがる発展に貢献するための技術だったが、「科学的専門分野の多くにわたり危険性のある発展をとげつつある」と警告する研究者も多い。医療分野の発展には多大な貢献をしてきたが、さらにこのままいけば「スーパーマン」や「スパイダーマン」、「アイアンマン」のようなフィクションの世界だけだった「超人」が実際に出現する可能性がある。超人的な体力やスピード、知能の持ち主、さらには不死身である男女が誕生するかもしれないのだ。

このように科学的発明や科学進歩の結果、人間が必ず死ぬということや人間とは何かという社会通念に関して我々は考え直すべき時期にきているのかもしれない。

プラスチック製の人工心臓の実用化。体内に埋め込められる腎臓の透析装置。骨や関節、手。さらに脳や神経系を拡大し人間の能力を増幅するように設計された新しいデジタル移植技術が待っている。人間とは、先天的・遺伝的に決められた強さと弱さを持つ単一の身体を持つはずだったが、神話のような「超人」がますます現実的となるのだ。もし人間の身体の一部が別の物質で作られたとしても我々は我々なのだろうか？　つまりは人間の定義とは何かという疑問をもたらす。神話は重要だけれどもただの作り話に過ぎなかった。しかし今後は、神話は現実となるかもしれない。》

この文章について問1から問8まで、いわゆる「条件付きの記述式問題」が並びます。

《この文章のテーマは何ですか。この文章の主要な結論は何ですか？》
《なぜナノテクノロジーは危険性のある発展をとげたのか自分の言葉で説明しなさい。》
《誰がこの文章を書いたと思いますか？　本文から根拠を示して解答しなさい。》

さらに、本文に出てくる「抽象的なあるいは一般的な表現」、たとえば「前代未聞の科学的発明」「それ以外の臓器を置き換える技術が待っている」「人間が死ぬという社会通念について考え直すべきなのかもしれない」「今後は、神話や伝説が現実になるかもしれない」などについて、文脈に沿った意味を説明させる質問がいくつか並びます。

そして筆者の意見に対する解答者の意見が求められます。
《筆者は人体を改造することに有益な結果のみを期待していますが、あなたはその意見に賛成ですか？　なぜ、賛成または反対なのかを2つ以上の理由を挙げて説明しなさい。》
《筆者は神話と伝説に出てくる超人的な男女とマンガや映画で有名なスーパーヒーローについて言及していますが、あなたは、科学の役割が科学フィクションを現実にすることだと思いますか。論理だった文章であなたの意見を説明しなさい。》

ここまでの問いは、いわゆる「知識・理解」から「論理的思考」を要する段階の問題で、筆者が誰かを根拠とともに答えさせる問題以外は、文章の内容理解の問題ですから、正解はかなり限定的です。現在の東京大学の前期試験の現代文の問題と同じです。

残りの2問が、「クリティカル／クリエイティブシンキング」のスキルを要する段階の問題になっています。

《多くの人々は、人体を改造すべきではないと考えていますが、科学者たちは、救命や病気を直すために改造すべきだと主張しています。中には、年をとりたいか、死にたいかさえ最終的には決められるべきだと言う科学者さえいます。この問題に関してあなたの意見は何ですか？　具体例を用いてあなたの立場を説明しなさい。》

《この文章の最後で、筆者は新しい科学の可能性によって人間のアイデンティティへの疑問（何が我々を我々にするのか）が生まれると述べています。あなたはそうであると思いますか、それともこの意見に反対ですか。理由を説明しなさい。》

この2問は、かなり自由度の高い記述です。ぜひ挑戦してみてください。

本文中で紹介したチューターが書いてくれた解答を参考までに載せておきます。最後の2問について、賛成と反対の両方の立場の答案も作成してもらいました。

■「人体改造すべきではないという考え」に賛成の答え

《人間の身体を改造するべきではないという考えに、私は賛成である。なぜなら、人間の身体を改造することは、科学の暴走を生むと思うからだ。科学の暴走とは、科学技術が高度化されすぎて、人間の手に負えなくなり、国家・政府・企業等の組織の利己的な目的のために使用され始め、人間の尊厳が失われてしまうことを指す。極端な例を挙げると、人間の脳とそれに伴う知識や思考力が売買される世界になってしまうのではないか。

人間の尊厳とは、個の人間として、自分の人生に意志やこだわりを持ち、自分の個性に誇りを持つことであると私は思う。これまでは自分のものとして受け入れ一生付き合っていくはずであった自分の身体が、科学によって代替可能になってしまえば、前述のような人間の尊厳が失われ、科学が暴走する社会を現実のものにしてしまうのではないだろうか。よって、人間の身体は、極力改造するべきではない。》

■反対の答え

《人間の身体を改造するべきではないという考えに、私は反対である。極論、年を取りたいか取りたくないかが選択可能な社会でさえも、場合によっては良い社会であると呼べると思う。なぜなら、人間が選択可能な領域が増えるということは、「自由」を生むと思うからだ。自分がどのように生きたいか、どのような自分でありたいかを、各自の意志に基づいて選択できる社会は、差別や阻害のない「自由」な社会により近いと言えるのではないか。しかし、問題点も多く存在する。特に大きな課題となるのは、自身の身体を改造することや加齢を選択する際に、対価として何がふさわしいのか、という点である。

単純に考えればそれは「金銭」である。しかし、それでは裕福な者だけが自身の身体や加齢の在り方を選択できるということになり、社会的格差は今以上に歴然となるだろう。

このような課題点をクリアできれば、身体の改造や加齢の選択は、将来の人間にとって選択可能な要素となることは望ましいのではないかと思う。よって、人間の身体の改造に、私は賛成である。》

最後の問題はさらに「自分軸」が問われると思います。

■筆者の意見に賛成の答え

《私たちのアイデンティティの定義が、新しく立ち現れてきた科学の可能性によって疑問視されているという主張に、私は同意する。新しく立ち現れてきた科学の可能性とはつまり、人工臓器移植の実用化やナノテクノロジー、将来人間を「スーパーマン化」する可能性のことである。これらがもたらすのは、医療の発達だけではない。これらの進歩は、人間の身体的要素を代替可能にし、他の要素も選択可能にする。

たとえば、本来の身体を人工物に取り換えることが可能になる。さらには、寿命や性別も容易に選択できるようになるかもしれない。こうなってくると、一人の人間のあらゆる側面が可変になり、その人を特徴付けるものが何なのかわからなくなってしまう。もしも立ち居振る舞いは何一つ変わらないが身体はすべて人工物と取り換えた人に出会ったとし

ように、そうなる前のその人と果たして見分けがつくだろうか。よって、科学の可能性は私たちのアイデンティティを揺るがすと考える。》

■反対の答え

《私たちのアイデンティティの定義が、新しく立ち現れてきた科学の可能性によって疑問視されているという主張に、私は同意しない。なぜなら、これまで社会が大きな変革に直面するたびに、私たちのアイデンティティが失われる危険性は繰り返し唱えられてきたからだ。しかし、その都度私たちは、私たちを私たちたらしめる要素を発見してきた。たとえば、美容整形が世に出たとき、「誰でも綺麗な顔を手に入れることができる」という発想は、世の中に簡単には受け入れられなかっただろう。整形をした人が果たしてその人自身なのか、整形する前の「その人らしさ」はどこへ行くのか、という論争が起きただろう。

しかし今では、整形を非難されることはあるかもしれないが、整形をした人も当たり前に共存する世の中になっている。「その人らしさ」は顔のみに宿るわけではないということを、社会が再発見したからだ。よって、現段階において新しく立ち現れてきた科学の可能性も、私たちからアイデンティティを奪うものではないと考える。》

学びにおいては、このように立場を変えて考えるのも重要です。この手法も「クリティカルシンキング」のスキルを強化するトレーニングですが、そのトレーニングの場がTOK型のアクティブ・ラーニングなのです。

正解が一つではない「クリティカル／クリエイティブシンキング」の思考スキルを活用する段階まで出題する「各大学個別の独自入試」に対応するには、このようなアクティブ・ラーニングが有効であることは明らかになったと思います。

その基本は「コンペア・コントラスト」の思考スキルにあります。最後の2問のような問題も、結局は二酸化炭素の削減問題をめぐって「社会的道徳」と「個人の自由意志」が衝突するようなジレンマ問題を、「コンペア・コントラスト」のスキルを活用して考えるトレーニングを続けていくことによって、最適な解答が見つかるようになります。

結局、題材は何であれ、"Who are you ?" という自分は何者なのかを、あらゆる局面で問われ、それを表現できる思考力と判断力が、何といっても大切な時代がやってきたのです。2020年の大学入試問題もその例外ではありません。「多角的な思考のスキル」と「確固たる自分軸」を多様な人々と協働する中で活かしていく「知のコード」を身につけること。これこそが2020年の大学入試問題を乗り越えるカギなのです。

終章　ギフテッドの時代

　この原稿を執筆している間、大音量の時代の通奏低音が響いていました。国会を取り囲む民主主義を望む一つになった大きな声、2015年英国での第8回ラグビーワールドカップで、優勝候補であった強豪南アフリカを破った日本チーム、嘉悦学園に縁のある大村さんのノーベル生理学・医学賞受賞、同行した高2のパリ・ロンドン修学旅行帰国直後のパリ同時多発テロ、その新しい戦争下におけるCOP21のパリ協定採択、フィギュアスケート羽生結弦選手の自身が持つ世界歴代最高得点の更新。

　いずれも、グローバル世界の光と影両方における衝撃の数々です。何かが大きく変わろうとしているその激しい光と影の交錯地点に、私たち教育者も立たされているのだという時代からの使命を感じざるを得ないときです。

　2020年大学入試改革のエッセンスを映しだしている大学入試問題は、その激しい変化を受けとめることができるのでしょうか。私は教育政策者ではなく、学校現場で奮闘する教師に過ぎません。一体何ができるのでしょうか。

　そう迷っていたとき、大川翔くんが、14歳でカナダのブリティッシュ・コロンビア大学サイエンス学部に入学したというニュースが飛び込んできました。9歳でカナダ政府に「ギフテッド（天才児）」認定され、14歳で現地の公立高校を卒業したというのですから、日本では機能していない飛び級制度を活用したのだと思い、日本の教育改革のあまりの遅さに落胆しました。

しかも、大川くんは、日本のある私立中学の帰国生受験をして見事に合格していながら、辞退してカナダの学校を選んだのです。2012年のことです。我が校を受験してくれていたらと思いました。

しかし、大川くんは、自分のブログで、日本の友達には僕ぐらいのギフテッドはたくさんいる。ただ、ギフテッドという才能を認める制度がないだけなのだと語っているのを読んで、これだと思いました。

たしかに、この本の中で紹介した卒業生たちは、大川くんと同じくらいギフテッドに違いない。いや、すべての在校生の才能をもっともっと豊かにする手だてがあるのではないかと「モヤ感」が溢れ出ました。

校長に就任して、1年がたち、その「モヤ感」から、才能者が我が校を選ぶようになるには、一人ひとりの在校生の才能が花開く学びの環境を創ることだという確信が生まれてきました。

我が校だけではなく、21会（21世紀型教育を創る会）の仲間もいます。２０２０年大学入試改革という時代の後押しもあります。

時代が変わるのを傍観しているのではなく、まず私たちが変わる、授業が変わる、学校が変わる。そうすれば大学入試も変わらざるを得なくなるはずです。社会も世界も変わるのです。ボトムアップ型で世界は変わるというのがグローバルな時代の流れでもあります。

その変わるキーコードとして我が校は「知のコード」を見つけました。このコードは、一人ひとりの生徒の才能を開くカギです。授業のプログラムを創るときのカギです。定期テストや入試問題を作成するときのカギです。大学入試問題を分析するときのカギです。社会と人間の新しい関係を築くカギです。すなわち、目の前の生徒の未来社会を創造するカギなのです。

「キングス・クロス駅の写真」から始まった「２０２０年大学入試問題」の旅はこれで終わります。しかし、受験生諸君にとって、この駅は終着駅ではありません。

キングス・クロス駅はケンブリッジ大学へ出発する始発駅です。あのハリー・ポッターが「魔術の勉強」をするために乗るホグワーツ特急の秘密の始発駅でもあります。

「知のコード」は、みなさんの夢と希望をのせる列車が待つプラットホームの扉を開くカギです。「キングス・クロス駅」の「赤い風船」は、「自分とは何者か？」を旅する始発駅の扉に導く徴《しるし》だったのかもしれません。

本書を書き続けることができたのは、講談社現代新書担当部長の木所隆介さんに大胆な編集と細心の注意をはらった示唆と激励をいただいたからにほかなりません。また、「モヤ感」から抜け切れなくなったとき、㈱スタディエクステンション代表の鈴木裕之さんや私立学校研究家の本間勇人さんに相談にのってもらいました。お三方には感謝の言葉もありません。

そして、21会のみなさん、我が校の先生方、生徒のみなさんとの日々の対話によって、未来の教育への突破口を見つけることができました。みなさんに深く感謝いたします。

最後に、いつも私の美学のセンスを磨いてくれた妻の美恵に心から感謝の言葉を贈りたいと思います。

それらを評価する方法のイメージ例（たたき台）

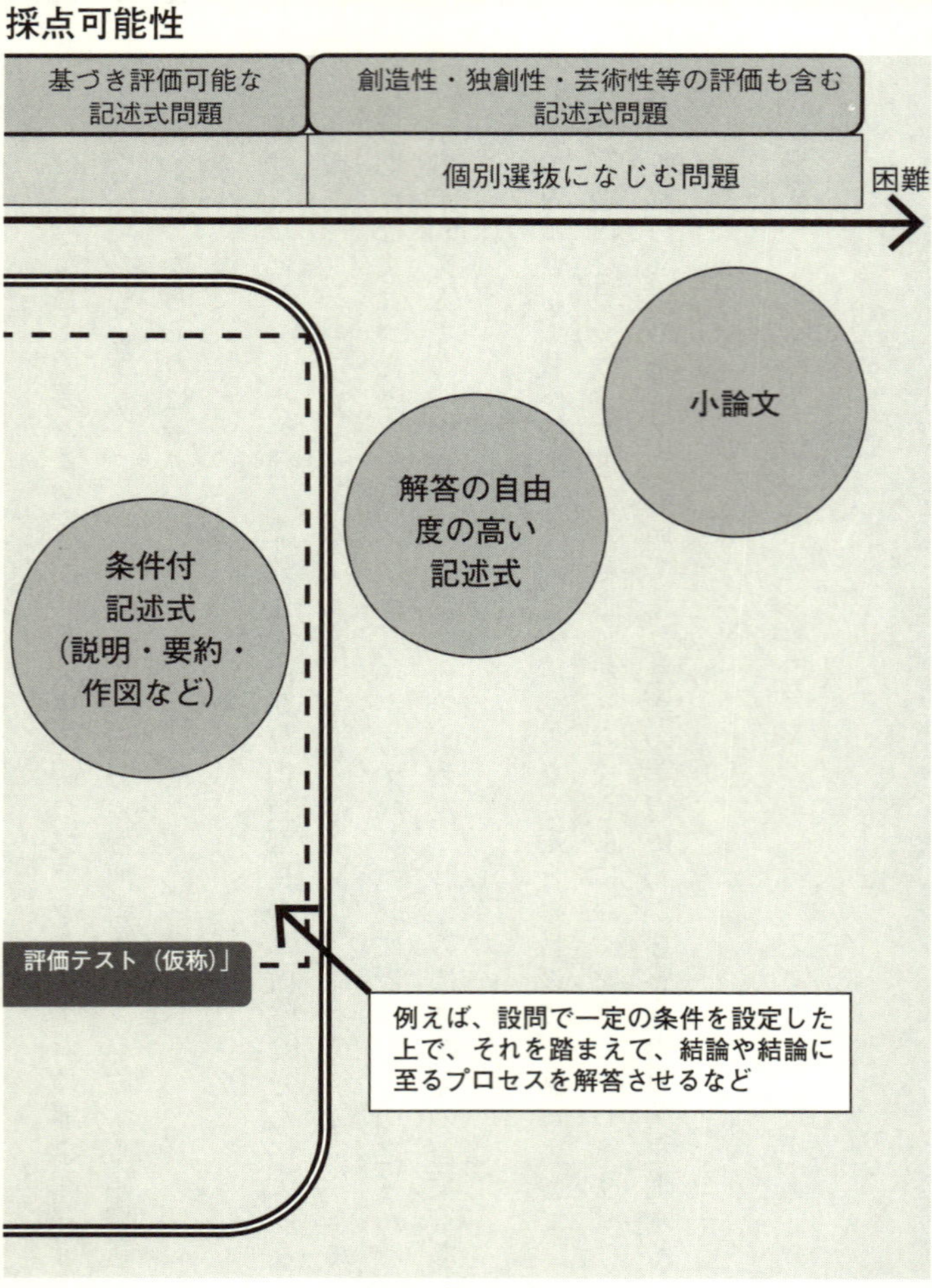

図版制作／朝日メディアインターナショナル（253ページも）

「知識・技能」「思考力・判断力・表現力」と

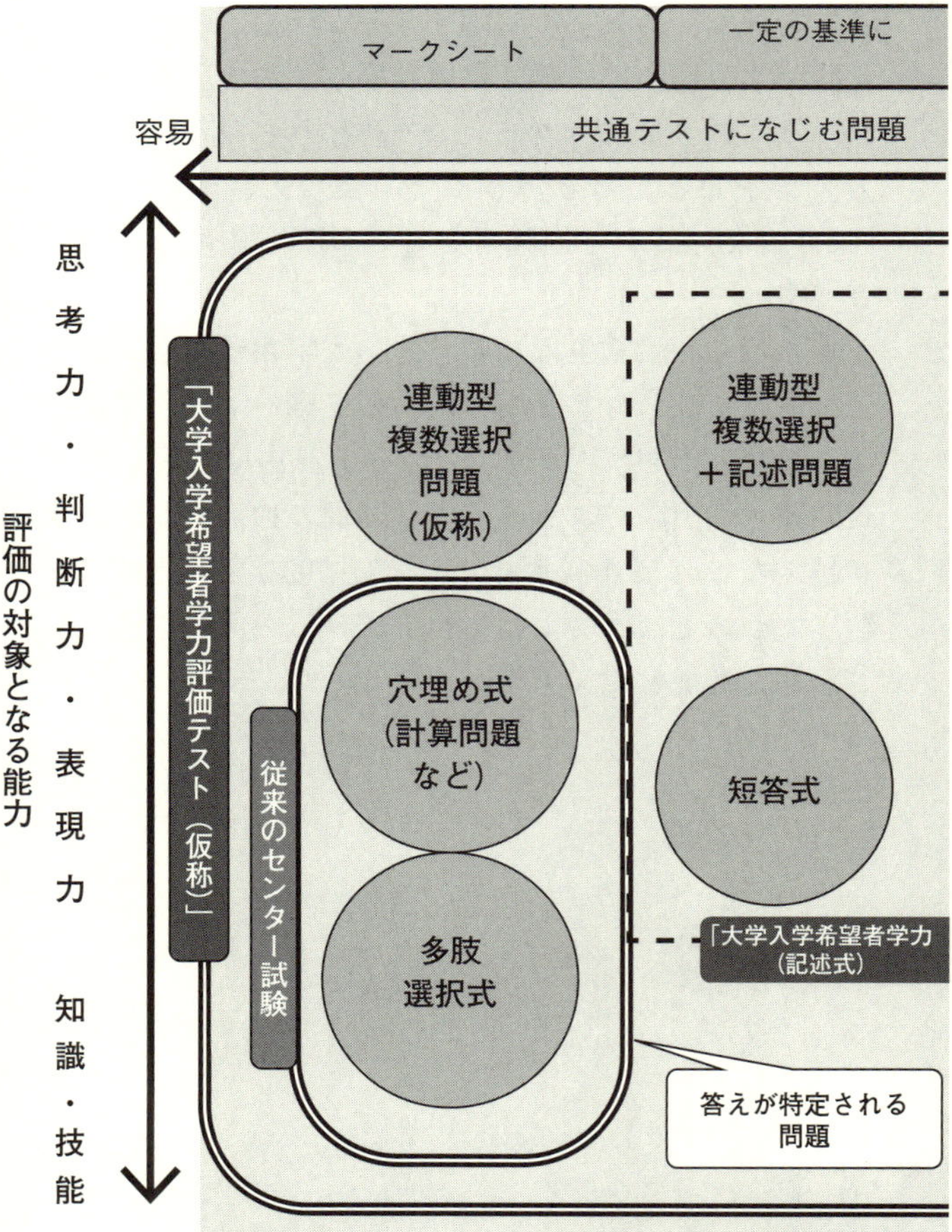

※上記、〇囲み部分は、あくまで問題形式の一例として挙げたもの。

「自分軸」が、2020年からの大学入試問題に重要なことを、文科省のこの例題も教えてくれます。

今回、文部科学省によって示された「大学入学希望者学力評価テスト」の問題イメージ例は、わかりやすく説明するために、難度自体は易しめです。重要なのは「学力の３要素」のうち、「思考力・判断力・表現力」を中心とするということ、表現力については、「条件付記述式」を出題することが明らかになったことです。

もちろん、受験生はこの「大学入学希望者学力評価テスト」で高スコアを出したからといって、大学にすぐに進めるわけではありません。「自由度の高い記述式問題」が出題される「各大学個別の独自入試」を乗り越えなければなりません。「自由度の高い記述式問題」については本文にいくつも紹介した例題を研究してもらえればと思います。

最後に、英語のWritingについては、問題だけを紹介しておきましょう。

> 【問題】
> あなたは授業中に、下記のテーマで英語のエッセーを提出することになりました。
>
> エッセーのテーマ：
> インターネットなどを利用して、多くの人と友だちになることが話題になっています。このような方法で友だちや知り合いを増やすことについて、あなたはどう思いますか。あなたの意見とその理由を書きなさい。解答時間は20分です。

問題には、「自分自身の考えや具体的な経験に基づいて、自由に書くこと」「20分の制限時間内でできるだけたくさん書くこと」などが付記されています。また、具体的に書くための参考として、女子３人がお茶を飲みながらしゃべっているイラストと、一人がギターについてネットで発信したものを２人の人間がパソコンや携帯電話で見ているイラストが添えられています。

こちらも、受験者層としてCEFRレベルのA1～B1を想定しており、「社会的なテーマについて、個人の経験などをもとに、自分の意見と理由を論理的に書いて述べる」ことを求めています。

解答例と採点基準は、やはり文科省の資料を見ていただきたいのですが、この本で繰り返し触れているスキル」を使います。解答例では、文化を比較してその違いから理由を導き出しているものとリアルな旅行空間とサイバースペースを比較して、その違いから理由を導き出すサンプルが挙げられています。

例として掲載されている「ルーブリック」も、B1レベルが想定されていて、時事問題などについて、市民としてコミュニケーションできるレベルが求められています。第1章で解説した通りCEFRに対応した出題内容及びルーブリックになっています。ちなみに採点基準を文科省は以下のように、公表しています。

Speaking　採点基準

	ある程度の準備をした上で話すこと	
	内容、構成の評価	文法、表現の評価
3点	与えられた質問に対応した内容となっていて、論理展開がわかりやすい構成となっている。	自分の言葉で十数語以上は話して、適切な文法や表現を用いている。誤りがあっても理解には影響しない。
2点	与えられた質問に対応した内容となっていて、単純な要素を関連づけて述べている。	自分の言葉で十数語以上は話して、文法や表現に誤りは出てくるが、伝えたい内容はわかる。
1点	与えられた質問に対応した内容となっているが、単純な要素を並べ立てている。	自分の言葉で十数語以上は話して、時制の誤りなど基本的なミスが繰り返し出てくるが、平易な表現は正しく使えていて、伝えたい内容はだいたいわかる。
0点	与えられた質問に対応した内容になっていない、あるいは内容が量的にほとんどないか断片的である。	使える文法や表現は限定的である、あるいは自分の言葉で話せた内容が十数語に満たない。

平成26年度 英語教育改善のための英語力調査事業 報告書 p.11より

(Negative)
I disagree with this statement. Students (in Japan) do not need to travel abroad. These days it is easy to get information about foreign countries on the internet or television. There are a lot of programs and videos made by people who travel all over the world, so it is not important to go there yourself.

(以上は、平成26年度 英語教育改善のための英語力調査事業 報告書 p.84より)

【英語Speaking例題解説】求められるレベルは?

2020年大学入試問題において、今から英語は注目を浴びています。「各大学個別の独自入試」においては、民間の英語資格試験で代替する動きもすでに出ていますが、文部科学省として4技能の英語試験のプロトタイプもつくっておかねばなりません。さて4技能の中でも、採点について最も気になるのは“Speaking”です。

今回の例では、「主な受験者層としてCEFRレベルA1〜B1を想定」となっていますから、「大学入学希望者学力評価テスト」の英語において、B1はクリアしてほしいということでしょう。

「学生の間に海外旅行はすべきかどうか」といった問いについて、自分の考えをまとめる上では、賛成でも反対でも、「コーズ・エフェクト(因果関係)」の「思考スキル」が必要です。そしてこの理由を引き出すのに、「コンペア・コントラスト(比較・対照)」の「思考

3.【英語】の例題

英語に関しては、4技能のうち、SpeakingとWritingについての例題が示されています。どちらも、「社会的なテーマについて自らの考えや意見を明確にし、論理的に示しながら表現する問題」であると、文科省は意味づけしています。

まず、Speakingの問題を紹介しましょう。

【問題】
Here is a statement:

Students in Japan should travel abroad. Do you agree or disagree with this statement? Give one or more reasons why you think so.
You will have one minute to prepare. Then, you will have two minutes to speak.
＜60 seconds＞

「日本の学生は在学中に海外旅行すべきだ」というステイトメントについて、賛成でも反対でもよいので意見を1分考えて、2分以内で英語で話すという問題です。2020年以降、こういった試験が、面接形式か、CBT形式で行われるのかは検討中とのことです。

【解答例】（評価3となる回答例）
（Affirmative）
I agree with this statement. Students（in Japan）should travel abroad because traveling is one way to learn. By visiting new places, it is possible to learn about things such as the food eaten there or the language spoken there. Going abroad is the best way to study.

ら、「解答を思考するプロセス」は正解は一つですが、事象から抽出する「発想の思考プロセス」はある程度の自由度があるのです。2020年大学入試問題は、「思考プロセス重視」とされていますが、今後、このような2つの領域の「思考プロセス」があるということがはっきりしてくるでしょう。

なお、この例題には続きがあります。例題（1）の方法を、「校庭に文字や形を描くときにも応用できる。」として、校舎の屋上に立った人物の視点から「校庭に図形を描く」方法を考えさせているのです。

詳細は、文科省のHPを見ていただくとして、文科省では数学の問題で評価しようとする主な能力を以下のようにまとめています。

ア）問題文・図形等の事象やその数学的表現から情報を読み取る力

イ）事象から問題解決に必要な情報や条件を抽出・収集したり、仮定をおいて考えたりする力

ウ）情報を整理・統合して問題解決の方針を立てる力

エ）関係や命題等を、適切な数学的表現を用いて表す力

オ）数学の知識や技能を用いて論理的に考察・処理して結果を得る力

知識や技能を活かして、問題を解決、結果を得るという現実的な能力を重視していることが読み取れます。

<解答例>

（1）下の図の△PAHでPH＝500（mm）で、

$\angle APH=\left(\frac{\theta}{2}\right)'=\left(\frac{\theta}{120}\right)^\circ$ なので、

$AH=500\times\tan\left(\frac{\theta}{2}\right)'$ または $AH=500\times\tan\left(\frac{\theta}{120}\right)^\circ$

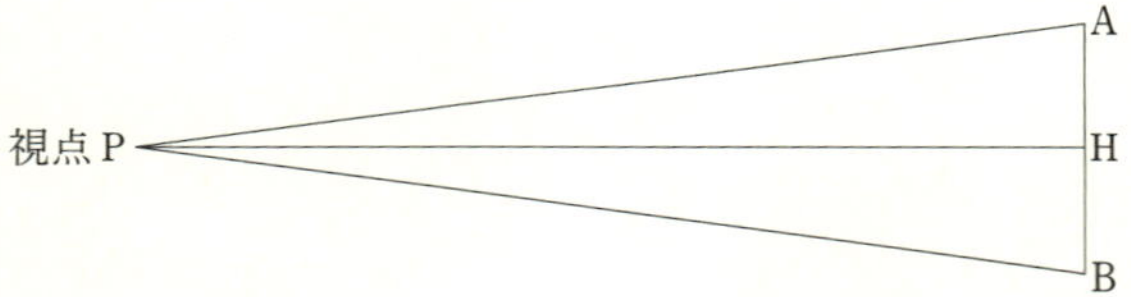

よって、直径は$1000\tan\left(\frac{\theta}{2}\right)'$(mm) または $1000\tan\left(\frac{\theta}{120}\right)^\circ$(mm)

※(1)の解答例では、1分を1′と表記している。

【数学例題解説】２つの思考スキル

すでに第１章で紹介したとおり、国際バカロレア（IB）の数学の問題のように、自然現象や社会現象などの事象を数学的に考える問題になっています。まず「コンペア・コントラスト（比較・対照）」という「思考スキル」によって、具体と抽象を比較しながら、三角比の関係を抽出し、図式化します。そのあと三角比の計算操作をしていけばよいのです。

慶應義塾大学医学部の「親友との対話問題」（第２章）のように、「発想を思考するプロセス」と「解答を思考するプロセス」に分かれています。数学ですか

次の問いに答えよ。

伊藤さんは、「スーパームーン」に関する記事を読み、月が地球から最も離れたときに見える満月と比べて、記事にあるような「スーパームーン」はどのくらい大きく見えるのかを知りたくなり、月の見かけ上の大きさについて調べた。

夜空に浮かぶ大きな満月「スーパームーン」
月が地球に最も近づくタイミングと満月のタイミングが重なるため、月が通常より大きく見える。
（例題では平成27年（2015年）９月28日の新聞記事をスーパームーンの写真とともに提示してあります）

＜伊藤さんの調べたこと＞
○月の見かけ上の大きさは、見えている月を円と考えて、その直径の両端と視点とを結ぶ二等辺三角形の頂角である「視直径」で表す。
○「スーパームーン」の視直径はおよそ33分（ふん）、月が地球から最も離れたときの満月の視直径はおよそ29分である。ただし、１分は1°の１／６０である。

（１）伊藤さんは、次の方法で満月を観測し、フィルムに円を描いて比べてみることにした。

＜伊藤さんの方法＞
　視点から月の中心に向かって500mmの位置に、月の中心と視点を結ぶ直線に対して垂直になるように透明なフィルムを置く。そして、このフィルムを通して見える月をフィルムに写し取る。

　伊藤さんの方法でフィルムに写し取られる、視直径θ分（ふん）の月の直径は何mmになるか。この直径を求める式を三角比を用いて答えなさい。

は、「大学入学希望者学力評価テスト」で出題する「正解が一つではない記述式問題」は、明快に「条件付記述式」と呼び、「各大学個別の独自入試」で出題する「解答の自由度の高い記述式」と区別しています。

問1は、比較するグラフも根拠の手がかりとする文章もすべて与えられています。しかし、問2は、「交通事故における救急車の出動回数の推移と救命率の推移が分かる資料」については提示されていないので推論しなければなりません。たしかに、正解は一つではありません。しかし、あくまでそれは推論ですから、解答の自由度は高くありません。解答例のように、「論理的思考」で解答をつくることになります。

この問2は、今回の問題イメージ例で触れられている1400字程度の新聞記事を読んで、200〜300字で自分の考えを記述する問題と基本は同じです。新聞記事のテーマの枠内で論理的思考によって書いていくからです。この「条件付記述式」と「解答の自由度の高い記述式」は、「思考スキル」でいえば、後者でなければ「クリティカル／クリエイティブシンキング」は活用しないということも示唆しています。

2.【数学】の例題

数学の問題は、文科省によれば、「事象から問題解決に必要な情報や条件を抽出・収集したり、仮定をおいて考えたりする問題。」です。

<解答例>
問1　ア　自動車の安全性が向上してきたので、死者数は減ってきた（26字）

問2　イ　救急車の出動回数については交通事故の発生件数や負傷者数とほぼ同様に上昇傾向で推移しているのに対し、救命率については死者数の推移とは逆に上昇傾向で推移していることが分かる（84字）

【国語例題解説】正解が一つではない

問1は従来通りの読解リテラシー問題で、空欄アの直前の「自動車の台数と安全性に関係があると思います。つまり、自動車の台数は年々増加し続けているので」という箇所と空欄イの直後の「3つのグラフを比べて1つのグラフだけが異なる傾向を示している現象に着目し」という箇所を手がかりとすれば解答はでるでしょう。

ここでも、第1章で説明した「思考スキル」である「コンペア・コントラスト（比較・対照）」が活用されています。「交通事故の死者数」だけが他の2つのグラフと比べて、平成2年から減り続けています。

このことに気づけば、次は「コーズ・エフェクト（因果関係）」の「思考スキル」を使います。これは空欄ア直前の文章が大ヒントです。解答例のように「自動車の安全性が向上してきたので、死者数は減ってきた」と答えるのは、そう難しくはありません。

2020年大学入試問題の肝である「正解が一つではない出題」の例は問2です。ただし、今回の会議で例えば、最近30年間における、「車の総販売台数の推移が分かる資料」と、「車の安全に関する装置の装備率の推移が分かる資料」があれば、このことを裏付けることができると思います。

Ｃさん：私は、交通事故の死者数が平成２年（1990年）以降減少傾向になっているのには、医療の進歩がかかわっていると思います。交通事故にあって救急車で運ばれ一命を取り留めた人が、搬送先の病院で、「以前であれば助からなかった」と医師に言われたという話を聞いたことがありました。どういうことかというと、昔は事故にあって助からなかった命が助かるようになってきたので、事故の数は増えても亡くなる人は減り続けてきたのではないかと思います。

その裏付けとなる資料として、例えば、交通事故における救急車の出動回数の推移と救命率の推移が分かる資料が考えられます。その資料を見れば、［　イ　］のではないでしょうか。

Ｄさん：私は、みなさんの意見を聞いて、次のように話し合いの内容を整理してみました。

Ａさん、Ｂさん、Ｃさんは、３人とも、３つのグラフを比べて１つのグラフだけが異なる傾向を示している現象に着目し、その要因について仮説を立て、その根拠として考えられる資料を挙げて、その資料から推測される内容を述べられました。

これから、皆さんの仮説を検証するための検討や資料収集をしていきましょう。（以下、省略）

問１　Ｂさんは、下線部（a）「つまり」以下で、どのような内容を述べることになるか。空欄［　ア　］に当てはまる適切な内容を40字以内で書きなさい（句読点を含む）。

問２　空欄［　イ　］でＣさんはどのように発言したでしょうか。あなたが考える内容を、80字以上、100字以内で書きなさい（句読点を含む）。

た交通事故の発生件数、負傷者数、死者数のグラフと、この３つのグラフを見て、交通事故の死者数が他よりも早く、平成２年（1990年）以降減少傾向になっていることについて、４人の高校生が行った話し合いの一部である。

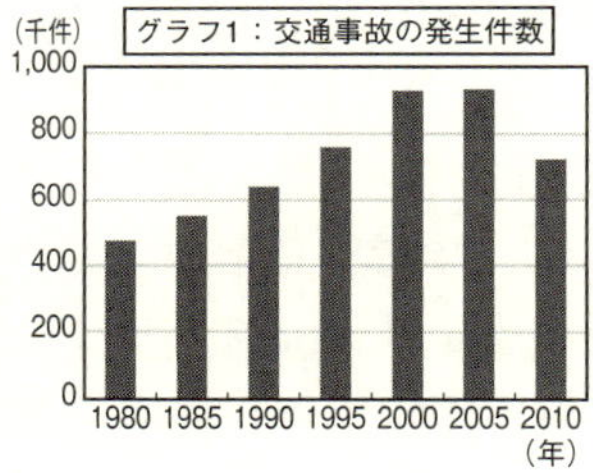

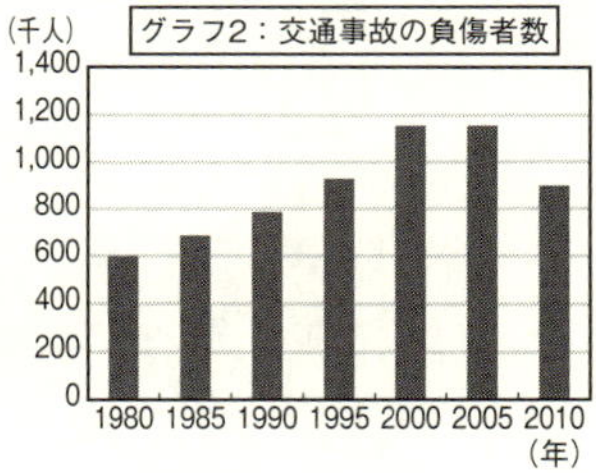

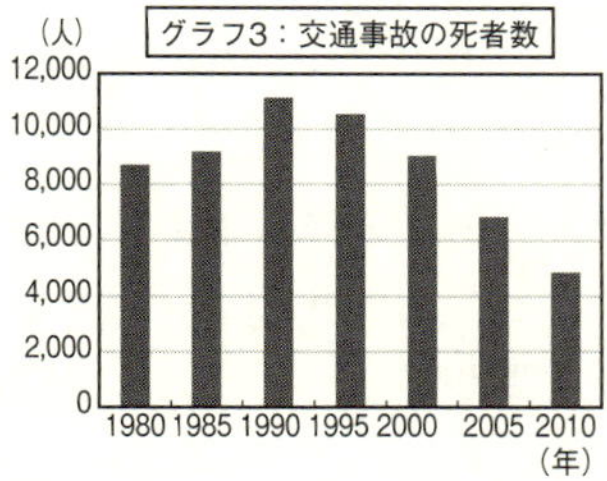

Ａさん：交通事故の死者数が他よりも早く、平成２年（1990年）以降減少傾向になっているのは、交通安全に関する国民の意識の変化が関係しているのではないかと思います。

その裏付けとなる資料として「交通違反で検挙された人数の推移が分かる資料」があると思います。その資料を見れば、飲酒運転やスピード違反など、死亡事故につながるような重大な違反の割合が少なくなっていることが分かるはずです。

Ｂさん：私は、この30年間で販売されてきた自動車の台数と安全性に関係があると思います。（a）つまり、自動車の台数は年々増加し続けているので事故件数と負傷者数はなかなか減らなかったけれども、［　　ア　　］ということです。

『2020年の大学入試問題』巻末資料

文部科学省が考える「大学入学希望者学力評価テスト」の問題例

2015年12月22日、文部科学省の審議会「高大接続システム改革会議」は、「大学入学希望者学力評価テスト（仮称、以下略）」について審議しました。その際配布された資料では、各教科の2020年からの大学入試問題のイメージ例がはじめて公表されました。本書で論じてきた考え方や予想の延長線上にあるものでしたが、以下３教科の例題の一部を紹介、解説します。

大学入試センター試験に代わる「大学入学希望者学力評価テスト」で、選択式問題に加えて出題されることになる記述式問題が、どのように出題されるのか？特に保護者の方にも関心の高い部分だと思います。もちろん、2020年以降に向けて文科省の審議は続きますが、大きく方針が変わることはないはずです。

１．【国語】の例題

資料によれば、「多様な見方や考え方が可能な題材に関する複数の図表や文章を読み、情報を統合しながら、考えを構成し表現する問題。」です。

> 次の文章とグラフを読み、後の問いに答えよ。
> 次に示すのは、警察庁事故統計資料に基づいて作成され

講談社現代新書　2355

2020年《ねん》の大《だい》学《がく》入《にゅう》試《し》問《もん》題《だい》

二〇一六年二月二〇日第一刷発行　二〇一八年一月一七日第五刷発行

著者　石《いし》川《かわ》一《いち》郎《ろう》　

発行者　鈴木　哲

発行所　株式会社講談社

東京都文京区音羽二丁目一二―二一　郵便番号一一二―八〇〇一

電話　〇三―五三九五―三五二一　編集（現代新書）

〇三―五三九五―四四一五　販売

〇三―五三九五―三六一五　業務

装幀者　中島英樹

印刷所　大日本印刷株式会社

製本所　株式会社国宝社

定価はカバーに表示してあります　Printed in Japan

N.D.C.370　256p　18cm

ISBN978-4-06-288355-9

「講談社現代新書」の刊行にあたって

教養は万人が身をもって養い創造すべきものであって、一部の専門家の占有物として、ただ一方的に人々の手もとに配布され伝達されうるものではありません。

しかし、不幸にしてわが国の現状では、教養の重要な養いとなるべき書物は、ほとんど講壇からの天下りや単なる解説に終始し、知識技術を真剣に希求する青少年・学生・一般民衆の根本的な疑問や興味は、けっして十分に答えられ、解きほぐされ、手引きされることがありません。万人の内奥から発した真正の教養への芽ばえが、こうして放置され、むなしく滅びさる運命にゆだねられているのです。

このことは、中・高校だけで教育をおわる人々の成長をはばんでいるだけでなく、大学に進んだり、インテリと目されたりする人々の精神力の健康さえもむしばみ、わが国の文化の実質をまことに脆弱なものにしています。単なる博識以上の根強い思索力・判断力、および確かな技術にささえられた教養を必要とする日本の将来にとって、これは真剣に憂慮されなければならない事態であるといわなければなりません。

わたしたちの「講談社現代新書」は、この事態の克服を意図して計画されたものです。これによってわたしたちは、講壇からの天下りでもなく、単なる解説書でもない、もっぱら万人の魂に生ずる初発的かつ根本的な問題をとらえ、掘り起こし、手引きし、しかも最新の知識への展望を万人に確立させる書物を、新しく世の中に送り出したいと念願しています。

わたしたちは、創業以来民衆を対象とする啓蒙の仕事に専心してきた講談社にとって、これこそもっともふさわしい課題であり、伝統ある出版社としての義務でもあると考えているのです。

一九六四年四月　野間省一